W0250274

Elisabeth Fischer

Die schlanke Küche

So gut schmeckt das Wunschgewicht

Mit Rezeptfotos von Ulrike Köb/GUSTO

Bildnachweis:

fotolia.com / tuna: Coverbild
Monika Klinger (www.monikaklinger.at): Seite 11, 14, 19
Peter Barci: Seite 16, 23, 101, 133, 163
Ulrike Köb (www.koeb.at) / GUSTO: Seite 25, 35, 41, 51, 57, 65, 75, 81, 87, 99, 107, 113, 125, 131, 145, 151, 155, 167, 179, 185, Umschlag hinten
iStockphoto.com / webphotographeer: Seite 20, 44, 68, 70, 116, 138, 160
iStockphoto.com: alle restlichen Bilder

Impressum:

ISBN: 978-3-7088-0483-5

Lobkowitzplatz 1, A-1010 Wien
www.kneippverlag.com
Autorin: Elisabeth Fischer
Lektorat: Mag. Eva Manhardt, Mag. Waltraud Wetzlmair-Zechner
Art Direction/DTP: Werner Weißhappl, plan_w
Cover: Werner Weißhappl, plan_w
Druck und Bindung: Gorenjski tisk, Kranj, Slowenien
1. Auflage, März 2010

Inhalt

Einleitung

Rezepte

Drinks & Snacks

Vorspeisen & Salate

Suppen & Eintöpfe

Vegetarisch

Fisch

Fleisch

Süßes

Mehr als ein Vorwort – ich gestehe!

Lange habe ich hin und her überlegt, ob ich dieses Buch damit beginnen soll, aber ich bin zu dem Schluss gekommen: Ich darf es Ihnen nicht verschweigen, vor allem – und da bin ich ganz selbstlos – in Ihrem eigenen Interesse. Ich habe noch nie eine Diät gemacht, werde dieses Jahr sechzig, trage Kleidergröße 38 und esse für mein Leben gern. Was eigentlich stark untertrieben ist – ich muss gut essen, sonst werde ich unglücklich und unausstehlich. Dass, wenn ich Essen meine, auch Sattwerden dazugehört, versteht sich von selbst.

Na also, ging doch, und damit gleich die ganze Wahrheit aufs Papier kommt: Intensiv mit dem Essen beschäftige ich mich seit 1969. In diesem Jahr zog ich zum Studieren aus der Provinz in die Stadt, aß drei Mal und nie wieder in der Mensa und speiste in Lokalen, die mein studentisches Budget verkraften konnte, Lasagne, Huhn süßsauer und Schweinsbraten, vermisste nicht nur den Kartoffelsalat meiner Mutter und fing an zu kochen. Aber da Abnabeln auf dem Programm stand, auch kulinarisch, hieß es Maultaschen adé und her mit der Kokosnuss!

Learning by eating

Damit begannen meine Lehrjahre, die vor allem Wanderjahre waren, aber wo immer ich auch Station machte, im Fischerdorf in Andalusien, in einer Stadtwohnung in Manhattan oder in der Hängematte einer Indiosiedlung am Karibikstrand, ich landete am Herd. Köchin werden? Was für eine absurde Idee, nur gut essen wollte ich, Neues entdecken, wie die besagte Kokosnuss. Getrocknet, als widerborstige Raspeln auf dem Weihnachtsgebäck verabscheute ich sie, hier unter Palmen wurden die frisch gefangenen Langusten in cremiger Kokosmilch gesimmert, alles mit Chili und Limetten gewürzt – neue Esswelten. Oder die Tortillas: Es war der Beginn einer wunderbaren Freundschaft, ein paar Jahre später hatte ich bereits Tausende dieser dünnen Fladenbrote ausgerollt und schwungvoll gebacken.

Von Boston bis New York: 1975 war Health Food angesagt, neue vegetarische Küche, Avocado-Salat mit Erdbeeren, Kastanien-Nussbraten, Crunchy Granola. Aber kaum waren die Knusperflocken mit einem Joghurt-Smoothie hinuntergespült, wurde auch schon bei Julia Child geblättert, ein Huhn mit Pilzen gefüllt, hingebungsvoll mit Butter bestrichen und im Ofen zu goldbraunem Glanz gebraten. Damals erstand ich „Mastering the Art of French Cooking" – garniert mit zahlreichen Fettspritzern, gehört es immer noch zu meinen All-Time-Favorites. In China Town begann der Ferne Osten, dort wurde im Wok gebruzzelt, Dim Sum, die zierlichen Teigtäschchen in riesigen Dämpftöpfen, gegart und vor den Augen der Gäste mit gigantischen Messern alles blitzschnell klein gehackt, auch der Ingwer, von Stund an eines meiner Lieblingsgewürze.

Das Streben nach Glück… führt in die Küche

Als gebürtige Landratte, groß geworden mit bodenständiger Hausfrauenkost, hatte ich zu Meeresfischen ein eher distanziertes Verhältnis. Das ändert sich aber grundlegend und dauerhaft durch meine Freundschaft mit Lola. In ihrem Restaurant am endlosen Sandstrand von Bolonia an der Costa de la Luz, damals ein vergessenes Fischerdorf, verfiel ich der andalusischen Küche und stellte entzückt fest, dass es hier 37 verschiedene Sorten Fisch gab, die wurden gegrillt, gebraten, frittiert, in Soßen gedünstet, mit Reis gesimmert, in Suppen gekocht. Immer neue Eintöpfe kamen auf den Tisch, Fleisch und Geflügel wurden großzügig mit Knoblauch, Sherry und Safran gewürzt und duftende Quitten zu festem Gelée verkocht.

Habe ich es schon erwähnt? In dieser lehrreichen Zeit habe ich eigentlich Soziologie studiert, ganz ernsthaft. Aber schon damals fing es an: Plötzlich war da die Erinnerung an einen Geschmack, die Vorstellung, wie sich eine Soße auf der Zunge anfühlen musste, die Sehnsucht nach einem ganz bestimmten Essen, das je nach Stimmung trösten oder noch mehr Prickeln ins Leben bringen würde, und diese Zufriedenheit, wenn alles gekocht war. Unausweichlich, dass ich Köchin werden musste.

Genuss für Gaumen und Körper

Weil es mir so am besten schmeckt, habe ich schon immer vorwiegend leicht gekocht, lieber verschiedene kleine Salate und raffinierte Gemüsegerichte als den einen großen Braten aufgetischt, bei Kräutern und Gewürzen, nicht bei der Sahne, aus dem Vollen geschöpft, Frisches aroma- und vitalstoffschonend zubereitet und zum Dessert keine einsame Schoko-Mousse serviert, sondern sie mit reichlich fruchtig-saftiger Begleitung aufgemuntert.

Das Verführerische an diesem Essen: Der Genuss endet nicht mit dem letzten Bissen, sondern geht im wahrsten Sinn des Wortes in Fleisch und Blut, aber nicht in Fettpolster über. Im Klartext ausgedrückt: Ich fühle mich pudelwohl in meiner Haut, habe reichlich Energie und passe in die Hose vom letzten Jahr.

Wunschgewicht für alle

Zwei Restaurants, dreißig Kochbücher, Großküchenprojekte und Workshops später weiß ich aus vielen Gesprächen, Umfragen und Leser-E-Mails: Dieses Rezept vom nachhaltigen Genuss für Gaumen und Körper funktioniert nicht nur bei mir, weil ich von einem gnädigen Schicksal mit einer exklusiven Blutgruppe, wild verbrennendem Stoffwechsel oder dem richtigen chinesischen Tierkreiszeichen gesegnet bin.

Dieses Rezept funktioniert genauso für andere, damit auch für Sie. Wobei der Weg zum Erfolg nicht mit dogmatischen Verboten gepflastert ist. Am Anfang steht der Genuss, probieren Sie einige Gerichte. Je öfter Sie die Erfahrung machen, dass dieses Essen schmeckt, satt macht und Sie sich danach putzmunter fühlen, um so öfter werden Sie nach diesem Buch kochen und dann zufrieden feststellen, dass Ihr Wunschgewicht endlich von Dauer ist. Langfristige Umstellung der Ernährungsgewohnheiten sagen Wissenschaft er dazu, ich spreche lieber vom Kochen, frisch, leicht, köstlich und vom täglichen Schlemmen ohne Reue.

Schlank schlemmen und nie wieder Diät halten!

Mittlerweile mussten es viele schon am eigenen Leib erleben: Diäten machen dick. Dass diese rasante Gewichtszunahme nach den Hungertagen auf den Jojo-Effekt zurückzuführen ist, gehört bereits zum Allgemeinwissen. Trotzdem, jede neue Diätidee wird wie eine Heilslehre gefeiert, die endlich die Erlösung von den Fettpolstern bringen soll. Wobei je nach Dogma die neuen Heiligen entweder Eiweißstoffe, Enzyme oder dubiose Mahlzeiten in Pulverform sind und die verdammenswerten Teufel meist die bösen Kohlenhydrate.

Noch komplizierter und völlig unübersichtlich wird die Sache mit der gewichtsreduzierenden Nahrungsaufnahme, soll diese auch noch gesund sein. War man bis jetzt noch einigermaßen klar im Kopf, brummt nun der Schädel völlig verwirrt. Denn immer öfter suggeriert uns die Werbung die perfide Botschaft: Es ist nicht möglich, mit natürlichen Lebensmitteln alle lebensnotwendigen Nährstoffe in ausreichender Menge zu uns zu nehmen, ob das jetzt die gesunden Fettsäuren, Vitamine oder Mineralstoffe sind. Bravo, das sitzt, geht tief unter die Haut und noch tiefer in den Geldbeutel. „Was kann ich überhaupt noch essen?", fragen sich verunsicherte KonsumentInnen und ich frage mich: „Wie konnte die Menschheit überleben, wenn das, was die Natur uns bietet, nicht ausreicht?"

Schlankwerden fängt im Kopf an

Wir kochen nicht Aminosäuren, Disaccharide, Sulfide und Lycopin, sondern Linseneintopf mit Tomaten und Knoblauch, löffeln keine Omega-3-Fettsäuren, Polyphenole und Vitamin C, sondern Beerensalat mit Mandel-Joghurt-Creme und auf dem Markt kaufen wir auch nicht 13 mg Eisen und 15 mg Vitamin B3 und das alles für 260 kcal, sondern 1 kg frischen Brokkoli für 2,90 €.

Wenn wir in natürlichen Lebensmitteln denken, wird es plötzlich einfach, gesund und schlank zu essen. Wir müssen nur die richtigen Produkte schlau kombinieren und damit leicht und köstlich kochen. Wie das funktioniert, erfahren Sie auf den folgenden Seiten, und die Rezepte dazu finden Sie in diesem Buch. Guten Appetit!

Dieses schlanke Essen fördert Ihre Gesundheit nachhaltig

Es beugt gegen Herz-Kreislauf-Krankheiten, Herzinfarkt, Schlaganfall, Krebs und Diabetes vor. Es versorgt mit schützenden Vitaminen, bioaktiven Pflanzenstoffen, Mineralstoffen und gesunden Fettsäuren, liefert reichlich Ballaststoffe und Milchsäurebakterien für eine gesunde Darmfunktion und ist dazu äußerst cholesterinarm. Die Zusammensetzung der Nährstoffe entspricht optimal den Bedürfnissen des Organismus. Die spürbare Wirkung: Wir fühlen uns leicht und haben mehr Energie.

Das Know-how der schlanken Küche

In diesem Buch finden Sie über 200 Rezepte mit sehr vielen Variations- und Kombinationsvorschlägen. Meine Rezepte bestehen nicht nur aus den einzelnen Zutaten, in ihnen stecken auch einige grundsätzliche Erkenntnisse. Mittlerweile habe ich die Grundvoraussetzungen der schlanken Küche so verinnerlicht, dass ich nicht mehr groß darüber nachdenke. Ich gehe auf den Markt, kaufe, was mich am meisten anlacht – erntefrische Spinatblättchen, grünen Spargel, Frühlingszwiebeln, Kerbel, junge Kartoffeln und koche (S. 97). Wenn ich nach dem Essen, weil gerade Gäste da sind und sich dafür interessieren, eine Nährwerttabelle konsultiere, stelle ich fest, dass wir pro Person gerade einmal 280 kcal verspeist haben.

Darum meine Empfehlung an Sie: Gestalten Sie Ihren Essalltag einige Zeit bewusst nach diesen einfachen Grundprinzipien der schlanken Küche. Nach einiger Zeit müssen auch Sie nicht mehr groß darüber nachdenken. Vom Gemüsestand lacht Sie ein praller Kürbis an und im Supermarkt gibt es heute frischen Fisch. Da müssen Sie einfach zugreifen und kochen Ihre ganz persönliche Variante von gebratenem Zanderfilet mit Tomaten-Kürbis-Soße (S. 132).

Die Zutaten: frische Verhältnisse

Frisch, natürlich, am besten in Bio-Qualität und möglichst aus nächster Nähe sind die Zutaten für die schlanke Küche – eine Investition nicht nur in unser persönliches Wohlergehen, sondern auch in unsere Umwelt. Diese bewusste Lebensmittelauswahl ermöglicht, dass auch die einfachsten Gerichte prima schmecken. Denn werden sie im Einklang mit der Jahreszeit angebaut, schmecken Karotten wieder wie Karotten, naturbelassene Milchprodukte überzeugen mit vollem Aroma und hochwertiges kalt gepresstes Nussöl rundet bereits in kleinsten Mengen das Salatdressing ab.

Wie überall im Leben entscheiden auch bei der schlanken Küche die richtigen Verhältnisse über den Erfolg. In diesem Fall sind es die Mengenverhältnisse, die im Kochtopf herrschen, z.B. große Gemüse- und kleinere Fleischportionen, dazu Kartoffeln zum Sattwerden und alles mit einer wirklich sparsamen Portion Öl zubereitet.

Viel und oft: Gemüse und Obst

Starke Farben, feines Aroma, knackig, saftig und sonnenreif – ob Paprika, Fenchel oder Tomaten: Mit frischem Gemüse lässt sich blitzschnell und kinderleicht kochen. Im Salat, in der Suppe, bei der Pasta oder im Wok – Gemüse spielt die Hauptrolle in meiner schlanken Küche. Ja, und vor lauter Begeisterung habe ich es fast vergessen, der Kaloriengehalt von Gemüse ist mit durchschnittlich 25 kcal pro 100 g minimal. Darum ist es, fettarme Zubereitung vorausgesetzt, völlig egal, ob Sie 200, 300 oder 400 g Gemüse essen.

Auch bei Früchten und Beeren können Sie aus dem Vollen schöpfen. Ihr Kaloriengehalt ist zwar geringfügig höher als der von Gemüse, die 30 kcal mehr pro 100 g können Sie aber vernachlässigen, die machen das Kraut, Sie und mich nicht fett. Früchte und Beeren haben dazu einen Riesenvorteil, sie sind fruchtig süß, haben ein ausgeprägtes natürliches Aroma und sind maßgeblich dafür verantwortlich, dass Süßspeisen, Kuchen und Torten von der schweren Sünde zum leichten Genuss werden. Wenn wenig Zeit zum Kochen bleibt oder in der kalten Jahreszeit sind Gemüse und Beeren aus der Tiefkühltruhe prima praktisch.

Zum Sattwerden gut: Kartoffeln, Hülsenfrüchte, Getreideprodukte

Das Wunderbare an meiner schlanken Küche: Sie werden satt. Zu verdanken ist dies auch der Pflanzenpower von Kartoffeln, Linsen, Bohnen, Reis, Couscous sowie Teigwaren und Brot aus dem vollen Korn.

Da sich die Vorurteile gegen diese Lebensmittel hartnäckig halten, möchte ich ganz deutlich feststellen: Nein – diese Lebensmittel machen nicht dick! Im Gegenteil, sie sind die Voraussetzung dafür, dass wir dauerhaft schlank bleiben.

Wie wollen wir uns nach dem Essen fühlen? Angenehm satt, gut versorgt, voll neuer Energie und unbeschwert. Dieser angenehme Zustand – und er sichert langfristig das Wunschgewicht – ist einer guten Portion vollwertiger Getreideprodukte, Kartoffeln oder Hülsenfrüchten zu verdanken. Sie gehören zu einem ausgewogenen Essen wie das Pendel zur Uhr, denn sie versorgen uns mit den unersetzlichen komplexen Kohlenhydraten. Diese werden im Körper langsam aufgespaltet, sorgen für anhaltendes Sättigungsgefühl und gleichmäßigen Energiestrom. Sie halten den Blutzuckerspiegel konstant, bremsen so die übermäßige Ausschüttung von Insulin, dem Hormon, das für den Fetteinbau zuständig ist. Dadurch werden auch die gefürchteten Heißhungerattacken verhindert, die strenges Diäthalten in Fressorgien enden lassen.

Aber Kartoffeln, Bohnen und Nudeln nur als gesunde Sattmacher zu betrachten, hieße, viel zu versäumen. Denn auch bei den Leibspeisen der schlanken Küche sind deftige Bohneneintöpfe, knusprige Kartoffelgratins und würzige Pastagerichte ganz vorne mit dabei. Allerdings mit üppig frischem Gemüse und wohl dosierten Ölmengen zubereitet.

Mehr davon: Sojaprodukte

Neue kulinarische Perspektiven eröffnen sich mit Tofu, Sojajoghurt und Sojamilch. Vielseitig einsetzbar, wandlungsfähig, von Natur aus fettarm, cholesterinfrei und eiweißreich sind sie ideale Zutaten für die schlanke Küche mit dem nachhaltigen Wohlfühleffekt. Crêpes und Pfannkuchen werden mit ungesüßter Sojamilch (Sojadrink) unvergleichlich zart und flaumig, Sojajoghurt bringt Frische in Drinks, Desserts und Dressings, macht Kuchen- und Tortenguss locker. Tofu ist sowieso ein Allround-Talent, lässt sich würzig verbraten, zu pikanten Aufstrichen verrühren, harmoniert mit saftigem Fleisch und Fisch. Für Menschen mit einer Laktoseintoleranz sind Sojamilch und Sojajoghurt ein Segen, ersetzen sie doch in jedem Rezept die Kuhmilchprodukte.

Frauen ab 40 profitieren auch, was Schlankheit und Schönheit betrifft, ganz besonders von Sojaprodukten. Werden diese regelmäßig verzehrt, können Sie den Fettpölsterchen am Bauch entgegenwirken, die sich ausgelöst durch hormonelle Umstellung bilden. Die Isoflavone aus Sojaprodukten sorgen dazu für dichtes, festes Haar und halten die Haut jung.

Keine Zurückhaltung bei Joghurt, Buttermilch & Quark

Schäumende Drinks, kräuterwürzige Dressings, pikante Dipps, Desserts – Joghurt und Buttermilch mit dem erfrischend säuerlichen Geschmack gehören zum Herzstück der schlanken Küche. Mit dem richtigen

Know-how, und in diesem Buch finden Sie es, lassen sich mit Joghurt sogar heiße Soßen cremig und ohne Ausflocken binden. Aber auch pur wird Joghurt nach orientalischem Vorbild zu Suppen, Gemüse-, Fisch- und Fleischgerichten gereicht. Fettarmer Quark oder Topfen ist ein richtiger Alleskönner. Ob pikant oder süß, Aufstrich oder Auflauf: Das leichte Milchprodukt macht immer eine gute Figur.

Ja bitte: Fisch

Zarte Fischfilets mit ihren gesunden Fettsäuren sind eine perfekte Zutat für die schlanke Küche. Ob Kabeljau, Lachs, Zander oder Hoki, gedämpft, gegrillt, gebraten, gedünstet oder in raffiniert gewürzten Suppen sanft gesimmert: Mit Fischfilets sind minutenschnell Höhepunkte der schlanken Küche zubereitet. Voraussetzung für diesen unbeschwerten Genuss: Der Fisch wird von leichtem Grünzeug begleitet und nicht von fetten Soßen erbarmungslos ertränkt.

Qualität vor Quantität: Fleisch und Geflügel

Weniger, aber von hervorragender Qualität, fettarm und am besten aus biologischer Landwirtschaft ist die Devise bei Fleisch und Geflügel. Aus der schlanken Küche kommen keine riesigen Steaks und massive Braten, sondern aromatische Ragouts, rasch zubereitete, sättigende Rindfleischsuppen und knusprige Brathühner im Römertopf. Kurzum, fleischliche Gelüste kommen nicht zu kurz, im Gegenteil: Es warten neue kulinarische Entdeckungen.

Bewusst dosieren: Öl und Butter

Fett macht fett – dieser Erkenntnis müssen wir uns stellen. Wir werden uns davon aber den Appetit nicht verderben lassen. Mit sehr wenig Öl oder Butter, die Rede ist von 1/2 EL pro Portion, lässt sich hervorragend kochen. Voraussetzung dafür ist das richtige Kochgeschirr, also beschichtete oder gusseiserne Töpfe und Pfannen. Wobei ich, der gesunden Fettsäuren wegen, Raps- und Olivenöl zum Kochen und Braten verwende, für Salate kalt gepresst. Zur Abwechslung kommt auch Nussöl in das Dressing. Butter nehme ich nur selten zum Dünsten und rühre sie in fertige Suppen oder Soßen.

Leichteres bevorzugt: Saure Sahne und Creme legère

Soßen, Suppen und Dressings werden schon mit wenig Sauerrahm oder Creme legère gebunden, schmecken am Gaumen üppig und sind mit einem Fettgehalt von 16 % um Klassen leichter als Sahne (30 % Fett) und Creme fraîche (40 % Fett). Sie schätzen diese zarte Säure von Sauerrahm und Creme legère? Dann verwenden Sie überhaupt kein Öl zum Kochen und geben noch ein extra Löffelchen Sauerrahm in den Topf.

Fein reiben bringt viel Geschmack: Käse

Auf würzigen Käse wollen wir nicht verzichten, obwohl er einiges Fett auf die Waage wirft. Mein Tipp für leichten Käsegenuss: Kaufen Sie besonders würzigen Käse:

Parmesan, Pecorino, Manchego, alten Gouda, Bergkäse oder Feta. Fein gerieben verbreiten bereits kleinste Mengen (pro Portion 1 EL/10 g) herzhaften Käsegeschmack in Suppen, Pastagerichten und Gratins. Für leckere Brotaufstriche werden Magerquark/Magertopfen und Käse im Verhältnis 1:1 verrührt und gut gewürzt.

Zum Drüberstreuen: Nüsse, Oliven, getrocknete Tomaten, Trockenfrüchte

Was haben diese Naturprodukte gemeinsam? Sie haben ein ausgeprägtes Eigenaroma, bringen in kleinen Mengen viel Geschmack. Schon 1 TL fein gehackte Nüsschen bereichert Aufstriche, Salate und Desserts. Praktisch, köstlich, allerdings sehr kalorienreich ist Mandel- oder Nussmus. Aber nur 1 EL dieser üppigen Creme reicht, um 4 Portionen Suppe, Soße oder Creme fein nussig zu aromatisieren. Oliven und getrocknete Tomaten sorgen für Abwechslung in Pastagerichten und Brotaufstrichen. Trockenfrüchte, konzentriert im Geschmack, würzen Desserts und Kuchen mit natürlicher Süße.

So wenig wie möglich: Zucker und Honig

Zucker, ob weiß oder braun, kommt in der schlanken Küche nur in sehr kleinen Mengen zum Einsatz. Grund dafür: Zucker besteht zu 100 % und Honig zu 75 % aus einfachen Kohlenhydraten, sie sind die Übeltäter, die uns dick machen. Denn sie sind blitzschnell verdaut, treiben den Blutzuckerspiegel in die Höhe, steigern den Aufbau von Fettpolstern, vor allem, wenn die zuckersüßen Speisen fett sind.

Aber auch hier droht kein Genussverzicht, im Gegenteil. Mit meiner schlanken Küche kommen Sie auf den leichten Geschmack! Desserts, Kuchen und Torten werden mit wenig Zucker, dafür aber mit reichlich natürlich süßen Früchten und Beeren zubereitet und mit Zimt, Kardamom, Ingwer, Zitronen- und Orangenschale fein gewürzt.

Praktisches für die schnelle Küche

Ich habe meinen Vorratsschrank inspiziert: An Fertigprodukten verwende ich nur geschälte und pürierte Tomaten aus der Dose, Tomatenmark, Instant-Gemüsebrühe, Sojacreme und Kokosmilch. Völlig ausreichend, um auf die Schnelle mit Grundzutaten, Kräutern und Gewürzen abwechslungsreich zu kochen.

Schlankes Essen fördert Ihre Gesundheit nachhaltig

Es beugt vor gegen Herz-Kreislauf-Krankheiten, Herzinfarkt, Schlaganfall, Krebs und Diabetes. Die Gründe dafür: Die Versorgung mit schützenden Vitaminen, bioaktiven Pflanzenstoffen und Mineralstoffen stimmt, da das Essen zum überwiegenden Teil aus natürlichen pflanzlichen Nahrungsmitteln besteht: aus Gemüse, Obst, Getreide- und Sojaprodukten, Kartoffeln und Hülsenfrüchten. Die schützenden Fettsäuren liefern Fisch, Raps-, Olivenöl und Nüsse. Reichlich fettarme, gesäuerte Milchprodukte tragen zur Kalziumversorgung bei und unterstützen mit ihren Milchsäurebakterien die Darmfunktion.

Durch diese ausgewogene Zusammensetzung der Lebensmittel entspricht auch die Nährstoffzusammensetzung optimal den Bedürfnissen des Organismus: ausreichend aufbauendes Eiweiß, reichlich Energie liefernde, komplexe Kohlenhydrate und wenig Fett. Die spürbare Wirkung: Wir fühlen uns leicht und haben mehr Energie.

Die Kochmethoden - Leichtigkeit in allen Töpfen

Damit aus natürlichen Zutaten köstliche, schlanke Speisen werden, brauchen wir maßgeschneiderte Methoden für das leichte Kochen.

Dampfgaren

Gemüse behält seine leuchtende Farbe, das feine Eigenaroma und die meisten Vitamine, Fisch wird zart und bleibt saftig, Knödel gelingen flaumig locker, natürlich süße Früchte bewahren ihren vollen Geschmack. Fettfrei garen im Wasserdampf, schonender kann Kochen nicht sein. Einfacher und praktischer auch nicht, nichts kann anbrennen und das Essen ist in kürzester Zeit fertig.

Welche Küchengeräte brauchen Sie, um erfolgreich im Dampf zu garen? Bereits mit einem Siebeinsatz aus Metall und einem Topf mit gut schließendem Deckel sind Sie dabei. Praktisch sind Siebeinsätze, die sich fächerförmig ausbreiten und jeder Topfgröße anpassen. In Asia-Läden gibt es auch mehrstöckige Dämpftöpfe.

Seit einiger Zeit sind elektronisch gesteuerte Dampfgarer auf dem Markt. Darin können Sie auf mehreren Ebenen gleichzeitig schonend garen und in wenigen Minuten ein komplettes Menü zubereiten. Die Kunst besteht dabei in der Wahl der richtigen Garzeit. Je nach Dauer der Aufwärmphase des Gerätes kann die Zubereitungszeit stark variieren. Da hilft nur Ausprobieren! Ich habe darum bei jedem Rezept die von mir gemessene Zeit ab dem Erreichen der Gartemperatur angegeben.

Unter Rühren braten

Volle Aufmerksamkeit und gute Vorbereitung erfordert das „unter Rühren Braten“ im Wok oder in einer Pfanne. Wenig Öl wird stark erhitzt und alle Zutaten wandern ihrer Garzeit entsprechend nacheinander in den Wok, meist kommt zum Schluss noch eine Soßenmischung dazu, ein kurzes Köcheln, bis die Soße bindet und fertig. Vorteil dieser Blitzmethode: Gemüse bleibt knackig frisch, Fleisch saftig. Voraussetzung für den Erfolg: Alle Zutaten müssen ihrer Garzeit entsprechend gleichmäßig klein geschnitten werden.

Dünsten

In wenig Öl nur einen Moment angebraten, dann zugedeckt und bei milder Hitze langsam im eigenen Saft mit wenig Gemüsebrühe oder Wein gegart: So gelingen Gemüse, Fischfilets, Hähnchenbrust und zarte Fleischstücke. Besonders einfach und gut: Klein geschnittenes Gemüse kurz zugedeckt andünsten, dann fein gewürztes Fischfilet darauflegen und alles fertig dünsten.

Schmoren

Im Prinzip funktioniert das Schmoren wie das Dünsten, es dauert nur länger. Zwiebeln werden zuerst langsam weich gedünstet, dann unter Rühren goldbraun gebraten. Gewürze werden zwecks Aromaentfaltung angeröstet. In den Topf kommen zuerst Fleischstücke, die längere Garzeiten brauchen, dann hartes Gemüse, das längeres Simmern verträgt, wie Karotten und Paprika. Wein, Tomaten und/oder Brühe sorgen für reichlich Soße.

Kochen in aromatischer Flüssigkeit

Suppen und Eintöpfe sind die Lieblinge der schlanken Küche. Fettarm zubereitet enthalten riesige Portionen nur wenig Kalorien. Ob vegetarisch, mit Fleisch oder Fisch, achten Sie auch beim Suppenkochen darauf, dass die Zutaten ihrer Garzeit entsprechend nacheinander in den Topf kommen. z. B. zuerst Hülsenfrüchte oder Fleisch weich kochen, dann das Gemüse in den Topf geben. Beim Fisch ist es genau umgekehrt: zuerst das Gemüse fast fertig köcheln, dann die Fischstückchen in Minutenschnelle gar ziehen lassen.

Aus dem Backofen

Auch wenn es schlank hergehen soll auf den Tellern, Knuspriges ist immer gefragt. Wie gut, dass es den Backofen gibt! Aus ihm kommen mit minimal Fett zubereitet goldgelb überbackene Gratins, Aufläufe, knusprige Pastetchen und Obstkuchen aus leichtem Hefeteig.

Aus Folie und Plastikbeutel

Fein gewürzt und nur mit einem Hauch Öl oder Butter werden Fisch, Fleisch, Kartoffeln und Gemüse in Alufolie gewickelt und im Ofen gegart. Kein Fett, aber ein Thermometer braucht man, um Fisch, Fleisch und Gemüse fest verschlossen in Plastikbeuteln in einem Topf mit heißem Wasser bei konstanten Temperaturen von 50–80 °C zu simmern.

Aus dem Römertopf

Ab und zu muss es ein ganzes Brathuhn sein oder ein großes Stück Fleisch. Im Römertopf schmoren diese guten Stücke traut vereint mit Gemüse und/oder Kartoffeln ganz ohne Öl oder Butter gemütlich ihrer Vollendung entgegen. Dabei bildet sich reichlich Soße. Damit Huhn und Braten knusprig werden, kommen sie zum Schluss für 10 Minuten auf einem Backblech in den Ofen.

Im Schnellkochtopf

Unter Druck sind Kartoffeln rasch fertig, auch für deftige Linsen- und Bohneneintöpfe und Fleischbrühe ist diese Expressmethode gut geeignet. Für zarte Gemüse ist sie zu heftig, sie werden leicht zu weich, verlieren Aroma und Farbe.

Die Würze - grenzenloser Genuss

Die richtigen Zutaten, die passenden Garmethoden, jetzt fehlt nur noch die raffinierte Würze und aus gutem, leichtem Essen wird harmonischer Hochgenuss. Das Wunderbare daran: Der feine Geschmack von Kräutern und Gewürzen ist praktisch für null Kalorien zu haben und auch der Arbeitswand fällt nicht ins Gewicht.

Kräuter

Büschelweise gekauft, selbst gezüchtet oder tiefgefroren: Kräuter sind zu jeder Jahreszeit zu haben. Geben Sie jede Zurückhaltung auf und einen ganzen Bund Koriander in den marokkanischen Topf (S. 148), das ist im Orient so üblich und köstlich. Oder mixen Sie ganz nach Jahreszeit und Appetit Pesto aus allen Kräutlein, die Ihr Balkonkasten bietet. Es gibt keine Vorschriften, wer zu wem passt. Basilikum harmoniert genauso perfekt mit italienischer Tomaten - wie mit thailändischer Kokos-Curry-Soße (S. 95).

Gewürze

Mit einem gut bestückten Gewürzregal kochen Sie mit ein und denselben Zutaten die verschiedensten Speisen und begeben sich mit dem Kochlöffel in der Hand auf kulinarische Weltreise. Das geht schon bei den alltäglichsten Zutaten los. Sie haben einen Blumenkohl (Karfiol) und wollen heute gemütlich zu Hause in Mitteleuropa bleiben? Gut so, dann kommt in die Soße nur Muskat, Lorbeer und Pfeffer. Wenn Sie dabei doch einen Blick in den Süden riskieren wollen auch ein Hauch Zitronenschale. Oder zieht es Sie in die Ferne, nach Indien? Da wird der Blumenkohl mit Currygewürzen befeuert, mit Korianderkörnern, Cumin (Kreuzkümmel), Bockshornklee und Chili. Füllen Sie die Gewürzgläschen, dann sind Sie jederzeit startklar!

Würzmittel

Neben Kräutern und Gewürzen verwende ich zum Aromatisieren der Speisen auch Ingwer, Zitronen- und Orangenschale, Sojasoße, Sherry, Essig, Zitronen-, Limettensaft und Knoblauch. Letzteren häufig und in Mengen. Das haben Sie sicher beim Durchblättern meiner Rezepte bemerkt. Aber die Rezepte schmecken auch mit weniger Knoblauch, wenn Sie es milder mögen. Ingwer und Zitronenschale - auch Sie gehören zu meinen bevorzugten Aromen. Beide bringen Prickeln in Pikantes und Süßes und ergänzen sich wunderbar mit Kräutern und Gewürzen.

Zum Mitnehmen geeignet: Schlank essen im Büro

Viele Rezepte aus diesem Buch haben das Prädikat „Zum Mitnehmen geeignet." Das fängt gleich mit den Snacks an. Prima bürogeeignet sind Pastetchen und Parmesan-Quiche. Gut verpacken lassen sich Salate aus gekochtem Gemüse, mit Nudeln und Reis. Bei Blattsalaten und Salaten aus frischem Gemüse das Dressing getrennt mitnehmen. Appetit auf warmes Essen? Einfach Suppen, Eintöpfe und soßenreiche Gerichte im Thermobehälter mitnehmen oder im Büro aufwärmen. Sie haben einen Kühlschrank im Büro? Dann können Sie sich gegen das Tief am Nachmittag fruchtige Dessertcremes oder Torten gönnen. Aber bitte mehr als ein Stück mitnehmen, auch die Kollegen wollen leicht naschen!

Drinks & Snacks

Melonen-Pfirsich-Mix

Für 3 Gläser

- 300 g Honig- oder Zuckermelone, kleine Stücke
- 1 großer, reifer Pfirsich, Stücke
- 300 ml frisch gepresster Orangensaft

Melonen, Pfirsiche und Orangensaft mit dem Mixstab fein pürieren.

Nährwert pro Glas: 103 kcal, 0 g F, 2 g E, 22 g KH, 0 mg Chol

Karotten-Orangen-Joghurt-Drink

Für 4 Gläser

- 200 g Joghurt (1 % Fett)
- 300 ml Karottensaft (frisch gepresst oder aus der Flasche)
- 300 ml frisch gepresster Orangensaft
- 1 TL Zitronensaft

Mit dem Mixstab Joghurt, Karotten-, Orangen- und Zitronensaft vermischen.

Nährwert pro Glas: 69 kcal, 0 g F, 3 g E, 12 g KH, 0 mg Chol

Buttermilch-Durstlöscher mit Minze

Für 4 Gläser

- 500 ml Buttermilch
- 500 ml eisgekühltes Mineralwasser
- 8 Minzeblättchen, fein geschnitten
- Salz
- Eiswürfel

Mit dem Schneebesen Buttermilch, Mineralwasser, Minze und eine Prise Salz schaumig rühren. Drink mit den Eiswürfeln servieren.

Nährwert pro Glas: 43 kcal, 0 g F, 4 g E, 5 g KH, 0 mg Chol

Schnell gemixt

Schlankes Eiweiß für straffe Muskeln: Auch Joghurt, Kefir und Sojajoghurt natur mit prickelndem Mineralwasser aufspritzen.

Erdbeer-Bananen-Smoothie

Für 3 Gläser

- 200 g Erdbeeren, Stücke
- 400 ml frisch gepresster Orangensaft
- 1 kleine, reife Banane, Stücke

Im Mixglas Erdbeeren, Orangensaft und Banane fein pürieren.

Nährwert pro Glas: 134 kcal, 1 g F, 3 g E, 27 g KH, 0 mg Chol

Fruchtsalat schlückchenweise

Frucht pur – dieser cremige Smoothie ersetzt die kleine Zwischenmahlzeit und schmeckt auch als Dessert. Kein Talent hat er zum Durstlöscher, der mal so schnell nebenbei geschluckt wird. Dafür enthält der Smoothie (wie auch die meisten seiner Verwandten aus dem Supermarkt) zu viele Kalorien.

Gazpacho-Drink

Für 3 Gläser

- 500 g reife Tomaten, kleine Stücke
- 1 EL Zwiebeln, fein gehackt
- 1 EL Weißbrot, zerkrümelt
- 1 TL Olivenöl
- 1/2 TL Sherry-Essig
- 200 ml kaltes Wasser
- Salz
- Chili
- Eiswürfel

Mit dem Mixstab oder im Mixglas Tomaten, Zwiebeln, Weißbrot, Olivenöl, Essig und 200 ml Wasser fein pürieren.

Gazpacho-Drink mit Salz und Chili abschmecken, mit Eiswürfeln servieren.

Nährwert pro Glas: 53 kcal, 2 g F, 2 g E, 6 g KH, 0 mg Chol

Pikanter Durstlöscher

Erfrischt an heißen Tagen, sättigt und erfreut die Gäste auch statt Suppe oder Vorspeise.

Grüner Verbenen-Zitronen-Eistee mit Ingwer

Für 4 Gläser

Eiswürfel
- Saft von 2 Zitronen
- Schale von 1 Bio-Zitrone, fein gehackt

Eistee
- 1 l Wasser
- 2 TL frischer Ingwer, gehackt
- 2 TL grüner Tee
- 8 Zweigchen Verbene
- 1–2 EL Honig

Zitronensaft und Zitronenschale vermischen, in Eiswürfel-Förmchen füllen (z. B. in Zitronenschnitzform) und gefrieren lassen.

Wasser mit dem Ingwer aufkochen. Grünen Tee damit aufgießen, 2 Minuten ziehen lassen. Tee abgießen. 4 Zweigchen Verbene in den Tee geben, 6 Minuten ziehen lassen. Verbene entfernen, Honig untermischen, Tee abkühlen lassen.

In jedes Glas 1 Verbene-Zweigchen und Zitroneneiswürfel geben, mit kaltem Tee aufgießen.

Nährwert pro Glas: 41 kcal, 0 g F, 0 g E, 9 g KH, 0 mg Chol

Bunte Eiswürfel
Die Eiswürfel auch mit Orangen- oder Grapefruitsaft zubereiten, damit ganz natürlich Farbe in den Eistee kommt, dazu mehr Vitamine und feines Fruchtaroma.

Holunder-Punsch mit Ananas

Für 2 Gläser

- Saft von 1/2 Zitrone
- Saft von 1 Orange
- 200 ml Holundersaft
- 150 ml Wasser
- 1 TL Honig
- 100 g Ananas, sehr kleine Stücke

Zitronen- und Orangensaft, Holundersaft, Wasser, Honig und Ananas erhitzen.

Nährwert pro Glas: 117 kcal, 1 g F, 2 g E, 24 g KH, 0 mg Chol

Mehr Frucht
Dieser wärmende Drink schmeckt auch mit Kirschen- oder Johannisbeersaft.

Ideal für Feste
Ein alkoholfreier Punsch für kalte Wintertage, absolut kindergeeignet. Erwachsene, die sich dazu mit Hochprozentigem erwärmen wollen, geben auch einen Schuss Kirschlikör, Kognak oder Rum ins Glas.

Tramezzini mit Räucherlachs-Creme und Rucola

Für 4 Tramezzini

- 60 g Räucherlachs
- 60 g Magerquark (Magertopfen)
- 2 TL Joghurt
- 2 TL Zitronensaft
- 2 EL Schnittlauch, fein geschnitten
- 4 Scheiben Vollkorntoast
- 20 g Rucola

Räucherlachs mit einem großen Messer zuerst fein hacken, dann mit dem Messerrücken zu einer Paste zerdrücken. Räucherlachs, Magerquark, Joghurt und Zitronensaft glatt rühren. Schnittlauch untermischen.

Die Brotscheiben mit der Räucherlachs-Creme bestreichen. Zwei Brotscheiben mit Rucola belegen, mit den restlichen Brotscheiben bedecken. Die Doppeldecker diagonal durchschneiden.

Nährwert pro Tramezzino:
96 kcal, 2 g F, 7 g E, 12 g KH, 6 mg Chol

Der Topfen-Trick

Die richtige Mischung macht Brötchen leicht und saftig. Gehaltvolles wie Räucherlachs, Schinken, Ei oder Käse wird klein geschnitten und 1:1 mit Magerquark verrührt. Pikante Würze bringen Senf, Meerrettich, Zitronensaft und Kräuter. Ihr großer Vorteil: viel Geschmack für praktisch 0 Kalorien.

Schinkencreme-Brötchen mit Spargel

Für 4 Brötchen

- 100 g magerer Schinken
- 100 g Magerquark (Magertopfen)
- 1 EL saure Sahne (Sauerrahm)
- 1–2 EL Meerrettich (Kren) im Glas
- Salz
- 4 Scheiben Roggenvollkornbrot
- 8 gekochte, grüne Spargel (Glas), Stücke

Schinken zuerst in sehr feine Streifen schneiden, dann fein hacken. Magerquark mit der sauren Sahne und Meerrettich glatt rühren. Schinken untermischen. Den Aufstrich mit Salz abschmecken.

Brote mit der Schinkencreme bestreichen, mit grünem Spargel belegen.

Nährwert pro Brötchen:
133 kcal, 2 g F, 12 g E, 17 g KH, 15 mg Chol

Roastbeef-Ciabatta mit Sprossen

Für 2 Portionen

- 100 g Magerquark (Magertopfen)
- 1 TL Dijon-Senf
- 1 kleine Essiggurke, fein gehackt
- 1 EL saure Sahne (Sauerrahm)
- Salz
- 80 g Roastbeef, dünne Scheiben
- 1 Tomate, dünne Scheiben
- 2 EL Radieschen-Sprossen
- 2 kleine Ciabatta-Brötchen, aufgeschnitten

Magerquark mit Senf, Essiggurke und saurer Sahne verrühren, mit Salz abschmecken.

Die Unterseiten der Brötchen mit der Quarkcreme bestreichen, mit Roastbeef und Tomaten belegen, die Sprossen daraufgeben, mit den restlichen Brothälften bedecken.

Nährwert pro Portion:
249 kcal, 5 g F, 23 g E, 27 g KH, 31 mg Chol

Eiaufstrich-Brötchen mit Radieschen

Für 2 Brötchen

- 1 Ei
- 1 EL saure Sahne (Sauerrahm)
- 100 g Magerquark (Magertopfen)
- Salz
- Pfeffer
- 3 EL Schnittlauch, fein geschnitten
- 6 Radieschen, dünne Scheiben
- 2 EL Kresse
- 2 Scheiben Vollkornbrot (à 50 g)

Ei kochen, kalt abschrecken und schälen. Eigelb fein zerdrücken, mit der sauren Sahne glatt rühren. Eiweiß fein hacken. Eigelb-Creme, Eiweiß, Quark und Schnittlauch verrühren. Aufstrich mit Salz und Pfeffer abschmecken.

Brote mit der Creme bestreichen, mit Radieschenscheiben belegen, mit Kresse bestreuen.

Nährwert pro Brötchen:
165 kcal, 4 g F, 14 g E, 18 g KH, 113 mg Chol

Mexiko-Toast mit Avocado-Kartoffel-Creme

Für 4 Toasts

- 150 g mehlige Kartoffeln
- 1 reife, butterweiche Avocado
- 1 Knoblauchzehe, fein gehackt
- 1–2 EL Zitronensaft
- Salz
- Chili
- 2 Tomaten, kleine Würfel
- 1/4 rote Zwiebel, fein gehackt
- 1/4 TL Oregano
- 4 Vollkorntoasts

Kartoffeln in der Schale weich dämpfen, abziehen und mit der Gabel fein zerdrücken oder fein reiben und auskühlen lassen. Avocado schälen und mit der Gabel fein zerdrücken. Kartoffeln, Avocado, Knoblauch und Zitronensaft zu einer glatten Creme rühren. Avocado-Kartoffel-Creme mit Salz und Chili abschmecken.

Tomaten, Zwiebeln, Oregano, 1 Prise Salz und 1 Prise Chili verrühren.

Brote toasten, mit der Avocado-Kartoffel-Creme bestreichen, mit den pikanten Tomatenwürfeln bestreuen.

Nährwert pro Toast: 182 kcal, 10 g F, 4 g E, 20 g KH, 0 mg Chol

Endlich wieder Leberwurst

Für 4 Brote

- 100 g mehlige Kartoffeln
- 100 g feine Kalbsleberwurst
- 1 Essiggurke (30 g), sehr fein gehackt
- 2 EL Zwiebeln, sehr fein gehackt
- Muskat
- 1 TL Senf
- 1 Messerspitze Majoran
- Pfeffer

Kartoffeln in der Schale weich dämpfen, abziehen, fein reiben und auskühlen lassen. Kartoffeln, Leberwurst, Essiggurke, Zwiebeln und Senf vermischen. Aufstrich mit Muskat, Majoran und Pfeffer abschmecken.

Nährwert pro Brot:
90 kcal, 6 g F, 4 g E, 3 g KH, 39 mg Chol

Das Kartoffel-Geheimnis

Fein gerieben oder durchgepresst sind mehlige Kartoffeln eine prima Basis für cremige Brotaufstriche. 100 Gramm eiweißreiche Kartoffeln enthalten gerade einmal 1 Gramm Fett. Wird also Kartoffelcreme mit Üppigem wie Leberwurst oder Avocado gemischt und alles harmonisch gewürzt, sinkt der Fettgehalt um die Hälfte und der gute Geschmack bleibt –, was sich eindrucksvoll bei einem Test-Brunch zeigte: Die leichte Leberwurst war als Erstes weg!

In 5 Minuten selbst gemacht – Joghurt-Frischkäse

Für ca. 300 g Frischkäse

- 600 g Joghurt (3,5 % Fett)

Ein Sieb mit einem Küchenhandtuch ausschlagen, Joghurt hineinschütten und das Sieb über eine Schüssel hängen. Joghurt zugedeckt im Kühlschrank 6 Stunden abtropfen lasen.

Nährwert pro 100 g Frischkäse:
132 kcal, 8 g F, 7 g E, 8 g KH, 28 mg Chol

Natur pur
Auf Nummer sicher essen: In diesem hausgemachten Frischkäse ist nur Joghurt drin und sonst nichts! Er schmeckt herrlich rund, ist cremig und eignet sich für Pikantes und Süßes (S. 164).

Pesto-Frischkäse

Für 4 Portionen

- 200 g hausgemachter Joghurt-Frischkäse
- 3 EL frisches Basilikum, fein geschnitten
- 1 Knoblauchzehe, fein gehackt
- Salz
- Pfeffer

Frischkäse, Basilikum, Knoblauch vermischen, mit Salz und Pfeffer abschmecken.

Nährwert pro Portion: 70 kcal, 4 g F, 4 g E, 5 g KH, 14 mg Chol

Paprika-Frischkäse

Für 4 Portionen

- 200 g hausgemachter Joghurt-Frischkäse
- 1/4 Zwiebel, fein gehackt
- 1/2 TL edelsüßes Paprikapulver
- 1 TL passierte Tomaten (Tetra-Pak)
- Salz
- Chili

Frischkäse, Zwiebeln, Paprikapulver und passierte Tomaten verrühren. Paprika-Frischkäse mit Salz und Chili abschmecken.

Nährwert pro Portion: 70 kcal, 4 g F, 4 g E, 5 g KH, 14 mg Chol

Marinierte, gebratene Hähnchenbrust

Für ca. 270 g

- 300 g Hähnchenbrust (ohne Haut und Knochen)
- 1 Knoblauchzehe, fein gehackt
- 2 EL Sojasoße
- 1 TL Dijon-Senf
- 1/2 TL Thymian
- 1/2 TL Oregano
- Salz
- Pfeffer
- 1/2 EL Olivenöl

Hähnchenbrust in 2 Stücke schneiden, abwaschen und trocken tupfen. Knoblauch, Sojasoße, Senf, Thymian und Oregano glatt rühren. Hähnchenbrust rundum mit der Marinade bestreichen, 1 Stunde im Kühlschrank durchziehen lassen.

Den Backofen auf 180 °C vorheizen.

Hähnchenbrust mit Salz und Pfeffer würzen. Olivenöl in einer beschichteten oder gusseisernen Pfanne erhitzen und die Hähnchenbrust darin rundum goldbraun anbraten.

Hähnchenbruststücke einzeln in Alufolie wickeln, im vorgeheizten Ofen für ca. 15 Minuten fertig garen und in der Folie abkühlen lassen.

Nährwert pro 100 g: 124 kcal, 2 g F, 24 g E, 1 g KH, 66 mg Chol

Snacken, was der Kühlschrank hergibt

Die gebratene Hähnchenbrust ist eine echte Grundzutat für immer neue Snacks, kommt fein geschnitten auf belegte Brötchen, klein gewürfelt in Füllungen und wird in dünne Streifen geschnitten über Salate gestreut. Hier einige Anregungen:

Pustza-Brötchen

Brote mit Paprika-Frischkäse (S. 29) bestreichen, mit fein geschnittener, gebratener Hähnchenbrust und dünnen Streifen von rotem und grünem Paprika belegen. Manche mögen's pikant, dann noch scharfe Pefferoni aufs Brötchen packen.

Florentiner-Tramezzini

2 Kastenbrotscheiben mit Pesto-Frischkäse (S. 29) bestreichen. Eines davon mit Scheiben von gebratener Hähnchenbrust und Tomaten belegen. Mit der zweiten Brotscheibe bedecken, diagonal durchschneiden.

Honolulu-Toast

100 g Magerquark (Magertopfen), 2 EL Orangensaft, 1 TL Zitronensaft, 1/2 TL gehackten Ingwer und 1/4 TL Curry verrühren, mit Salz abschmecken. 2 geröstete Toasts mit der Quarkcreme bestreichen, mit 100 g fein geschnittener, gebratener Hähnchenbrust belegen, mit sehr kleinen Ananasstücken und Frühlingszwiebelringen bestreuen.

Pittabrot mit Hühnersalat

70 g klein gewürfelte, gebratene Hähnchenbrust, 1/2 EL gehackte Zwiebeln, 4 EL Joghurt, 1/2 gehackte Knoblauchzehe, 2 TL Zitronensaft, 1/2 TL fein gehackte Minze, Salz und Pfeffer vermischen. 1 kleines Pittabrot aufschneiden, mit dem Hühnersalat, Tomaten-, Gurkenscheiben und Salatstreifen füllen.

Baguette mit Schnittlauch-Karotten-Creme und Hähnchenbrust

Für 4 Portionen

Creme

- 150 g Karotten, fein gerieben
- 150 g Magerquark (Magertopfen)
- 3 EL Schnittlauchröllchen
- 1/2 TL abgeriebene Bio-Zitronenschale
- 1 TL Zitronensaft
- Salz
- Pfeffer

Baguette

- 1 kleines Vollkorn-Baguette (200 g)
- 4 EL Joghurt
- 3 TL Dijon-Senf
- 3 TL Kapern, gehackt
- 200 g Hähnchenbrust (siehe links), fein geschnitten
- 100 g Gurken, dünne Scheiben
- 2 Tomaten, dünne Scheiben
- 6 Salatblätter

Die Karotten mit Quark, Schnittlauch, Zitronenschale und Zitronensaft glatt rühren, mit Salz und Pfeffer würzen.

Baguette längs aufschneiden. Joghurt, Senf und Kapern zu einem Dip verrühren. Baguettehälften mit der Karotten-Creme bestreichen. Die untere Baguettehälfte mit Hähnchenbrust belegen. Den Senf-Joghurt-Dip darauf verteilen, mit Gurken, Tomaten und Salatblättern belegen und mit der zweiten Baguettehälfte zudecken. Das gefüllte Baguette in 4 Stücke schneiden.

Nährwert pro Portion:
262 kcal, 7 g F, 22 g E, 28 g KH, 52 mg Chol

Käferbohnen-Creme-Brote
mit Räucherforelle

Für 4 Portionen

- 200 g gekochte, abgetropfte Käferbohnen (Dose)
- 1 1/2 EL Dijon-Senf
- 1 Essiggurke (40 g), sehr fein gehackt
- 2 EL rote Zwiebeln, fein gehackt
- 4 Scheiben herzhaftes Roggenbrot (à 50 g)
- 1 Räucherforellenfilet (150 g)
- 4 Radieschen, feine Stifte

Käferbohnen mit der Gabel fein zerdrücken, mit dem Senf glatt rühren. Essiggurke und Zwiebeln untermischen.

Brote mit der Käferbohnen-Creme bestreichen. Forellenfilets in 4 Stücke schneiden. Die Brote damit belegen und mit Radieschen bestreuen.

Nährwert pro Portion:
177 kcal, 2 g F, 15 g E, 23 g KH, 22 mg Chol

Mehr davon
Brötchen mit Käferbohnen-Creme auch mit luftgetrocknetem, magerem Schinken belegen oder mit fein zerbröseltem Schafskäse bestreuen.

Apfel-Sauerkraut-Brote
mit Räucherschinken

Für 4 Brötchen

- 150 g Sauerkraut
- 1/2 saftiger, säuerlicher Apfel, feine Stifte
- 2 EL rote Zwiebeln, fein gehackt
- 100 g magerer, geräucherter Schinken, feine Scheiben
- 4 Scheiben herzhaftes Roggenvollkornbrot (à 50 g)

Das Sauerkraut leicht ausdrücken und grob hacken. Sauerkraut mit Apfelstiften und Zwiebeln vermischen.

Die Brote mit dem Apfel-Kraut belegen. Den Räucherschinken dekorativ darauflegen.
Nährwert pro Brötchen: 159 kcal, 3 g F, 12 g E, 21 g KH, 26 mg Chol

Zwiebel-Räuchertofu-Creme
mit grünem Pfeffer

Für 5 Portionen

- 1 EL Olivenöl
- 1 Zwiebel, fein gehackt
- Muskat
- Koriander
- 1 EL Sojasoße
- 2 EL Medium Sherry
- 1 TL Balsamico-Essig
- 200 g Räuchertofu, kleine Würfel
- 1 TL Dijon-Senf
- Salz
- 2 TL grüner Pfeffer (Glas)
- 1/2 TL Bio-Zitronenschale, fein gehackt

Das Olivenöl in einer beschichteten Pfanne erhitzen. Zwiebeln darin zuerst bei milder Hitze weich dünsten, dann unter Rühren goldgelb braten. Muskat und Koriander untermischen, kurz anrösten, mit Sojasoße, Sherry und Balsamico-Essig ablöschen und unter Rühren kurz einköcheln.

Im Cutter oder einem guten Standmixer Zwiebeln, Räuchertofu und Senf zu einer glatten Creme verarbeiten. Mit Salz abschmecken. Grünen Pfeffer und Zitronenschale dazugeben und nur einen Moment cuttern/mixen.

Nährwert pro Portion:
62 kcal, 4 g F, 5 g E, 1 g KH, 0 mg Chol

Weich und knackig verträgt sich gut

Knusprig getoastetes Vollkornbrot mit der Zwiebel-Räuchertofu-Creme bestreichen und obenauf einen Klacks Karotten-Salsa geben. Dafür 1 kleine Karotte, grob geraspelt, 1 Frühlingszwiebel, in Ringe geschnitten, und 2 EL Zitronensaft vermischen, mit Salz und Chili würzen.

Herzhaft und leicht

Was haben Käferbohnen, Sauerkraut und Räuchertofu gemeinsam? Erstens sind sie natürliche pflanzliche Lebensmittel, zweitens deftig im Geschmack, drittens fett- und kalorienarm (was man bei den Bohnen ja nicht so ohne Weiteres vermuten würde). Kurzum: ideale Grundzutaten für leichte, aber trotzdem sättigende Brötchen.

Brokkoli-Ei-Crostini

Für 8 Brötchen

- 200 g Brokkoli, kleine Röschen
- 1 hart gekochtes Ei
- 100 g Magerquark (Magertopfen)
- 1 EL Joghurt
- 2 Frühlingszwiebeln, feine Ringe
- 2 EL frisches Basilikum, fein geschnitten
- 1 EL Kapern, gehackt
- Salz
- Pfeffer
- 8 Scheiben Vollkornbaguette
- einige Basilikumblättchen

Brokkoli zugedeckt in einem Siebeinsatz über Wasserdampf in 5 Minuten bissfest garen (oder in Ihrem Dampfgarer nach Anleitung). Brokkoli fein hacken. Eiweiß fein hacken. Eigelb mit der Gabel fein zerdrücken. Quark, Joghurt und Eigelb glatt rühren.

Eiweiß, Brokkoli, Frühlingszwiebeln, Basilikum und Kapern mit der Quarkcreme vermischen. Aufstrich mit Salz und Pfeffer abschmecken.

Brotscheiben toasten, mit dem Aufstrich bestreichen, mit Basilikumblättchen garnieren.

Nährwert pro Crostini: 67 kcal, 1 g F, 5 g E, 9 g KH, 30 mg Chol

Voraussetzung für den Erfolg

Die Brokkoliröschen müssen über Wasserdampf oder im Dampfgarer gegart werden. Gekocht im Salzwasser enthalten sie (obwohl gut abgetropft) zu viel Wasser und der Aufstrich wird zu weich.

Schafskäsecreme-Brötchen
mit Oliven und getrockneten Tomaten

Für 8 Brötchen

- 2 eingelegte, getrocknete Tomaten
- 100 g Schafskäse (Feta), fein gerieben
- 100 g Magerquark (Magertopfen)
- 1 EL Joghurt
- 6 schwarze Oliven, kleine Stücke
- 1 Knoblauchzehe, fein gehackt
- Pfeffer
- 8 Scheibchen Walnuss-Vollkorn-Stangenbrot
- 2 Radieschen, feine Scheiben
- 2 Salatblätter, feine Streifen
- 1 EL Karottenstifte

Tomaten mit Küchenpapier abtupfen und in kleine Stücke schneiden. Schafskäse, Quark und Joghurt glatt rühren. Getrocknete Tomaten, Oliven und Knoblauch untermischen. Mit Pfeffer abschmecken.

Brötchen mit der Creme bestreichen, mit Radieschen, Salat und Karotten garnieren.

Nährwert pro Brötchen: 90 kcal, 3 g F, 6 g E, 9 g KH, 6 mg Chol

Gorgonzola-Spinat-Crostini

Für 8 Crostini

- 100 g Spinat
- Salz
- 100 g Gorgonzola, kleine Stücke
- 50 g fettarmer Frischkäse (am besten hausgemacht, S. 29)
- 1 EL frisches Basilikum, fein geschnitten
- Pfeffer
- 8 Scheiben Vollkornbaguette
- 1 Tomate, dünne Scheiben

Den tropfnassen Spinat mit wenig Salz in einen Topf geben, zugedeckt 1–2 Minuten bei starker Hitze zusammenfallen lassen. Spinat in einem Sieb gut abtropfen lassen, gut ausdrücken und hacken.

Gorgonzola mit der Gabel fein zerdrücken, mit Frischkäse und Basilikum glatt rühren. Spinat untermischen. Den Aufstrich mit Salz und Pfeffer abschmecken.

Brotscheiben rösten, die Brote mit der Creme bestreichen, mit Tomatenscheiben belegen.

Nährwert pro Crostino: 105 kcal, 5 g F, 5 g E, 10 g KH, 15 mg Chol

So geht's noch einfacher

Tiefgekühlten Blattspinat verwenden. Diesen in einem Siebeinsatz über Wasserdampf oder im Dampfgarer auftauen, kurz erhitzen, leicht ausdrücken und hacken.

Bruschetta mit Auberginen-Tartar

Für 4 Brote

- 500 g Auberginen (Melanzani), 1 cm dicke Scheiben
- 2 Tomaten, halbiert
- 1/2 TL Oregano
- 1/2 TL Thymian
- 2 EL Olivenöl
- 2 Knoblauchzehen, fein gehackt
- 1/2 Bund Basilikum, fein geschnitten
- Salz
- Pfeffer
- 4 Scheiben feines Weizenvollkornbrot (à 50 g)

Backofen auf 180 °C vorheizen.

Ein Backblech mit Backpapier belegen. Auberginenscheiben und Tomatenhälften nebeneinander auf das Blech legen. Tomaten mit Oregano und Thymian bestreuen. Die Auberginenscheiben dünn mit 1/2 EL Öl bestreichen. Auberginen und Tomaten insgesamt 20 Minuten backen. Auberginenscheiben nach 10 Minuten umdrehen und eventuell dünn mit Öl bestreichen.

Auberginen grob hacken. Tomaten abziehen, das Fruchtfleisch klein würfeln. Auberginen, Tomaten, Knoblauch, restliches Olivenöl und Basilikum vermischen.

Auberginen-Tomaten-Tartar mit Salz und Pfeffer abschmecken. Die Brote knusprig rösten, dick mit dem Auberginen-Tartar bestreichen.

Nährwert pro Brot: 179 kcal, 6 g F, 5 g E, 25 g KH, 0 mg Chol

Röstbrot mit gebratenem Mittelmeer-Tofu

Für 4 Portionen

- 2 EL Sherry-Essig
- 2 EL Olivenöl
- 2 EL Sojasoße
- 1/4 Zwiebel, fein gehackt
- 1 Knoblauchzehe, fein gehackt
- 1/2 TL Oregano
- 1/2 TL Thymian
- 250 g Tofu, dünne Scheiben
- 4 Scheiben Weizenvollkornbrot
- 8 Salatblätter

Mit dem Mixstab Essig, 1 EL Olivenöl, Sojasoße, Zwiebeln, Knoblauch, Oregano und Thymian zu einer glatten Soße pürieren. Tofu mit dieser Marinade bestreichen, kalt stellen und 3 Stunden durchziehen lassen.

Tofu aus der Marinade nehmen. 1 EL Olivenöl in einer beschichteten Pfanne erhitzen, den Tofu darin auf beiden Seiten braten.

Brote rösten, mit Salatblättern und Tofu belegen, die Zucchini-Paprika-Salsa (s. u.) darauf verteilen.

Nährwert pro Portion:
186 kcal, 9 g Fett, 10 g E, 17 g KH, 0 mg Chol

Zucchini-Paprika-Salsa

Für 4 Portionen

- 1 rote Paprika, sehr kleine Würfel
- 150 g Zucchini, grob geraspelt
- 2 EL rote Zwiebeln, fein gehackt
- Saft von 1/2 Zitrone
- 1 Prise Chili
- Salz

Paprika, Zucchini, Zwiebeln und Zitronensaft vermischen. Salsa mit Chili und Salz abschmecken.
Nährwert pro Portion: 21 kcal, 0 g F, 1 g E, 3 g KH, 0 mg Chol

Kebap mit gebratenem Sommergemüse und Schafskäse

4 Portionen

- 4 Pittabrote
- 1 EL Olivenöl
- 1 rote Paprika, dünne Streifen
- 4 Frühlingszwiebeln, große Stücke
- 200 g Zucchini, dünne Scheiben
- 2 Tomaten, abgezogen, Spalten
- Salz
- 80 g Schafskäse (Feta), fein gerieben

Pittabrote in Alufolie wickeln und im Backofen bei 80 °C erwärmen.

1/2 EL Olivenöl in einer beschichteten Pfanne oder im Wok erhitzen. Paprika darin unter Rühren kurz braten. Frühlingszwiebeln dazugeben, unter Rühren braten, leicht salzen. Gemüse aus der Pfanne nehmen, warm stellen.

Restliches Öl erhitzen. Zucchini darin einen Moment unter Rühren braten, zu Paprika und Frühlingszwiebeln geben. Tomaten in der Pfanne unter Rühren nur so lange erhitzen, bis sie durch und durch heiß sind. Tomaten leicht salzen.

Eine Tasche in die Pittabrote schneiden. Brote mit Paprika, Frühlingszwiebeln, Zucchini, Tomaten und Schafskäse füllen. Obenauf einen Klacks Joghurt-Kräuter-Dip (s. u.) geben.

Nährwert pro Portion: 229 kcal, 7 g F, 9 g E, 30 g KH, 9 mg Chol

Wenig Käse, viel Genuss

Der Schafskäse für die Füllung wird fein gerieben, dadurch vergrößert sich die Fläche, die mit Luft in Berührung kommt und der Käsegeschmack wird intensiver wahrgenommen. Diesen Effekt hat man auch beim Parmesan, der, fein gerieben, schon in kleinen Mengen viel Geschmack in Pastagerichte und Suppen bringt.

Joghurt-Kräuter-Dip

Für 4 Portionen

- Für 4 Portionen
- 200 g Joghurt (1 % Fett)
- 1 Knoblauchzehe, fein gehackt
- 3 EL frische Kräuter, fein gehackt (Basilikum, Minze, Dill, Petersilie)
- Chili
- Salz

Joghurt, Knoblauch und Kräuter vermischen. Dip mit Chili und Salz abschmecken.

Nährwert pro Portion:
23 kcal, 0 g F, 2 g E, 3 g KH, 0 mg Chol

Asia-Wrap
mit Curry-Hähnchen und Sprossen

Für 4 Portionen

- 4 Wrap-Tortillas
- 1 EL Öl
- 1 Knoblauchzehe, fein gehackt
- 200 g Hähnchenbrust, dünne Streifen
- 1/2 TL Currypulver
- 1 EL Sojasoße
- 80 g Mungosprossen („Sojasprossen")
- 3 Frühlingszwiebeln, feine Ringe
- 1 Karotte, grob geraspelt
- 1/4 Eisbergsalat, feine Streifen

Den Backofen auf 80 °C vorheizen. Die Wrap-Tortillas in Alufolie wickeln und im vorgeheizten Backofen 10 Minuten erhitzen.

In dieser Zeit wird die Füllung zubereitet. Dafür 1/2 EL Öl in einer beschichteten Pfanne erhitzen. Knoblauch darin unter Rühren kurz anbraten. Hähnchenbrust dazugeben, leicht salzen, unter Rühren kurz braten. Mit Currypulver bestäuben, kurz anrösten, mit Sojasoße ablöschen. Fleisch unter Rühren braten, bis die Soße verdampft und das Fleisch gar ist. Hähnchenfleisch in eine Schüssel geben.

Pfanne auswaschen, abtrocknen und das restliche Öl darin erhitzen. Die Sprossen dazugeben, unter Rühren einen Moment braten. Leicht salzen.

Hähnchenfleisch, Sprossen, Karotte und Frühlingszwiebeln vermischen.

Die Mischung in die Mitte der Wraps geben, mit wenig Salat bestreuen und einen Klacks süßsaure Salsa (s. u.) oder den Joghurt-Kräuter-Dip (S. 38) daraufgeben.

Die Wraps seitlich leicht einschlagen, aufrollen und gleich essen.

Nährwert pro Portion: 220 kcal, 4 g F, 17 g E, 28 g KH, 33 mg Chol

Süßsaure Salsa

Für 4 Portionen

- 2 TL Sesamkörner
- 80 ml passierte Tomaten (Tetra-Pak)
- 3 EL Sojasoße
- 1 TL frischer Ingwer, fein gehackt
- 1/2 TL Honig
- Chili

Sesamkörner in einer beschichteten Pfanne anrösten, bis die Körner zu hüpfen anfangen. Sesam im Mörser etwas zerstoßen.

Passierte Tomaten, Sojasoße, Ingwer, Honig und Sesam verrühren. Salsa mit Chili abschmecken.

Nährwert pro Portion: 32 kcal, 1 g F, 2 g E, 4 g KH, 0 mg Chol

Kraut-Brimsen-Piroggen

Für 24 Pastetchen

Teig

- 300 g feines Vollkornmehl
- 50 g weiche Butter, kleine Stücke
- 1 Päckchen Trockenhefe (Trockengerm)
- 90 ml lauwarme Milch
- 90 ml lauwarmes Wasser
- 1/2 TL Zucker
- 1/2 TL Salz
- Muskat
- 1/2 TL gemahlener Koriander
- 1 Ei
- 2 TL Korianderkörner
- 2 TL Kümmel

Füllung

- 1 EL Öl
- 1 kleine Zwiebel, fein gehackt
- 300 g Weißkraut, fein geschnitten
- Salz
- 100 g Schafskäse (Brimsen oder Feta), fein zerbröselt
- 1 TL Kümmel
- 1/2 TL edelsüßes Paprikapulver
- Pfeffer

Aus Mehl, Butter, Hefe, Milch, Wasser, Zucker, Salz, Muskat und gemahlenem Koriander einen geschmeidigen Teig kneten. Teig zugedeckt 1 Stunde gehen lassen.

Für die Füllung das Öl in einer beschichteten Pfanne erhitzen. Zwiebeln darin bei milder Hitze weich dünsten. Kraut dazugeben, leicht salzen. Unter Rühren braten, bis das Kraut zusammenfällt.

In einer Schüssel Kraut, Schafskäse, Kümmel und Paprikapulver vermischen. Die Füllung mit Salz und Pfeffer abschmecken. Backofen auf 200 °C vorheizen.

Das Ei mit 1 EL Wasser verquirlen. Teig ausrollen und in Quadrate (9 x 9 cm) schneiden. Auf jedes Teigquadrat 2 TL Füllung geben. Ränder mit Ei bestreichen. Teigblätter zu einem Dreieck falten und am Rand gut zusammendrücken.

Ein Backblech mit Backpapier belegen, die Piroggen darauflegen, dünn mit Ei bestreichen, mit Korianderkörnern und Kümmel bestreuen. Piroggen im vorgeheizten Ofen ca. 18 Minuten goldbraun backen.

Die Piroggen schmecken heiß, lauwarm und kalt. Dill-Dip dazureichen.

Nährwert pro Stück: 80 kcal, 3 g F, 3 g E, 10 g KH, 11 mg Chol

Dill-Dip

250 g Joghurt und 1 EL fein gehackten Dill vermischen. Dip mit Salz und Pfeffer abschmecken.

Nährwert gesamt: 165 kcal, 10 g F, 8 g E, 10 g KH, 35 mg Chol

Best of Vorrat

Die ungebackenen Piroggen einfrieren. Wenn überraschend Besuch kommt oder sich der Hunger meldet, werden die gefrorenen Pastetchen einfach auf ein mit Backpapier belegtes Blech gelegt, mit Eigelb bepinselt und im vorgeheizten Ofen bei 180 °C 20 bis 30 Minuten gebacken.

Fingerfood für die Party

Mit diesen knusprigen Teigtäschen lässt sich auch eine größere Gästezahl leicht bewirten, darum die Piroggen auch mit anderen köstlichen Füllungen zubereiten.

Parmesan-Quiche mit Paprika und Oliven

Für 12 Stück

- 1/2 EL Mehl
- 150 g Joghurt
- 2 Eier
- 50 g Parmesan
- 1 EL Kümmel
- 1/2 TL Oregano
- Salz
- Pfeffer
- 1/2 Rezept mürber Hefeteig (s. u)
- 1 roter Paprika, dünne Streifen
- 10 schwarze Oliven

Den Backofen auf 200 °C vorheizen.

Mehl mit 75 g Joghurt glatt rühren. Eier unterrühren, das restliche Joghurt und den Parmesan untermischen. Guss mit Kümmel, Oregano, Salz und Pfeffer abschmecken.

Teig dünn ausrollen, eine Springform (26 cm Durchmesser) damit auslegen. Guss darauf verteilen. Quiche mit Paprika und Oliven garnieren und im vorgeheizten Ofen ca. 30 Minuten backen.

Nährwert pro Stück:
114 kcal, 6 g F, 5 g E, 9 g KH, 49 mg Chol

Gar nicht zickig – mürber Hefeteig

Für 2 Quiches (26 cm Durchmesser)

- 300 g fein gemahlenes Weizenvollkornmehl
- 80 g weiche Butter, kleine Stücke
- 1/8 l lauwarme Milch
- 1 TL brauner Zucker
- 1/4 TL Salz
- 1 Päckchen Trockenhefe (Trockengerm)

Weizenvollkornmehl, Butter, Milch, Zucker, Salz und Trockenhefe in eine große Schüssel geben und daraus von Hand ca. 10 Minuten lang einen geschmeidigen Teig kneten (oder den Knethaken der Teigmaschine die Arbeit übernehmen lassen). Teig zugedeckt 1 Stunde gehen lassen.

Besser als sein Ruf

Entgegen anders lautender Gerüchte ist Hefeteig äußerst pflegeleicht und umgänglich. Vorausgesetzt, die Milch ist lauwarm und nicht brühend heiß, wächst er eigentlich immer zu luftigem Volumen an, nimmt auch gut verschlossen im Plastikbeutel eine Nacht im Kühlschrank nicht übel und lässt sich sogar einfrieren.

Frisch aus dem Ofen – knusprige Kartoffelscheiben

Für 2 Portionen

- 400 g Bio-Kartoffeln, 5 mm dicke Scheiben
- Salz

Dip

- 150 g Joghurt (1 % Fett)
- 2 EL passierte Tomaten (Tetra-Pak)
- 2 EL Schnittlauch, fein geschnitten

Backofen auf 200 °C vorheizen. Kartoffeln gut abbürsten, in 5 mm dicke Scheiben schneiden. Ein Backblech mit Backpapier belegen. Kartoffelscheiben nebeneinander darauflegen und ca. 20 Minuten braten, nach 10 Minuten einmal umdrehen. Kartoffeln leicht mit Salz würzen.

Für den Dip Joghurt und passierte Tomaten vermischen. Dip mit Salz und Pfeffer würzen.

Nährwert pro Portion: 179 kcal, 1 g F, 8 g E, 8 g KH, 1 mg Chol

Leichte Alternative zu „Fix-und-fertig"-Kartoffelchips

Ganz natürlich ohne Zusatzstoffe, fettfrei zubereitet, zum Sattessen geeignet. Kommen bei Kinderpartys super an, bei Erwachsenenfesten sowieso.

Vorspeisen & Salate

Melone mit Fenchel-Orangen-Salsa

Für 4 Portionen

- 2 Orangen
- 1 Fenchelknolle, kleine Würfel
- 2 Frühlingszwiebeln, feine Ringe
- 2 TL Zitronensaft
- 1 TL frische Minze, fein gehackt
- Chili
- Salz
- 500 g Zucker- oder Honigmelone, dünne Scheiben

Die Schale der Orangen mit einem scharfen Messer dünn abschneiden. Über einer Schüssel die Orangenschnitze zwischen den Trennhäuten herausschneiden. Dabei den herabtropfenden Saft auffangen. Die Orangenreste mit der Hand auspressen.

Orangenfilets in kleine Stücke schneiden. Orangenstücke, Orangensaft, Fenchel, Frühlingszwiebeln, Zitronensaft und Minze vermischen. Die Salsa mit Chili und Salz abschmecken.

Melone portionsweise anrichten, die Fenchel-Orangen-Salsa darauf verteilen.

Nährwert pro Portion: 107 Kcal, 2 g F, 2 g E, 19 g KH, 0 mg Chol

Salat mit Potenzial

Fruchtig frisch und knackig – dieser Salat erfreut als saftige Vorspeise, wird mit magerem, luftgetrocknetem Schinken zum Hauptgericht und schmeckt als vitaminreiche, leichte Begleitung zur Curry-Hähnchenbrust (S. 142).

Knackige Schinkenröllchen

Für 4 Portionen

- 250 g Magerquark (Magertopfen)
- 2 EL saure Sahne (Sauerrahm)
- 3 Frühlingszwiebeln, feine Ringe
- 2 Essiggurken, fein gehackt
- Salz
- Pfeffer
- 1/3 Gurke, 8 cm lange Streifen
- 1 roter Paprika, feine Streifen
- 4 EL Kresse
- 200 g magerer Schinken, dünne Scheiben

Magerquark mit saurer Sahne glatt rühren, Frühlingszwiebeln und Essiggurken untermischen. Füllung mit Salz und Pfeffer abschmecken.

Je einen Klacks Füllung auf den Schinkenscheiben verstreichen, mit Gurken- und Paprikastreifen belegen, mit Kresse bestreuen und aufrollen.

Pro Portion: 139 kcal, 3 g F, 20 g E, 6 g KH, 32 mg Chol

Zur Abwechslung

Statt Schinken dünne Roastbeefscheiben verwenden.

Räucherfisch-Terrine
mit roten Pfefferbeeren

Für 4 Portionen

- 200 g geräuchertes Fischfilet (Forelle, Lachs, Heilbutt)
- 100 ml Gemüsebrühe (Gemüsesuppe)
- 100 g saure Sahne (Sauerrahm)
- 1 EL Zitronensaft
- 1/2 TL Bio-Zitronenschale, fein gehackt
- 2 TL Dijon-Senf
- Salz
- Pfeffer
- Muskat
- 1 TL rote Pfefferbeeren
- 2 Frühlingszwiebeln, Ringe
- 2 EL Petersilie, fein gehackt
- 5 Blatt weiße Gelatine

Räucherfisch, Gemüsebrühe, saure Sahne, Zitronensaft, Zitronenschale und Senf im Cutter oder in einem geeigneten Mixer zu einer glatten Creme verarbeiten, mit Salz, Pfeffer und Muskat würzen.

Rote Pfefferbeeren, Frühlingszwiebeln und Petersilie dazugeben, kurz cuttern bzw. mixen.

Gelatine 5 Minuten in kaltem Wasser einweichen und abtropfen lassen. Gelatine in einem kleinen Topf unter Rühren nur so lange erwärmen, bis sie sich auflöst. Gelatine mit dem Handmixer unter die Räucherfisch-Masse rühren. Die Masse in eine kleine Form gießen und zum Festwerden 3 Stunden kalt stellen.

Nährwert pro Portion: 123 kcal, 6 g F, 14 g E, 2 g KH, 50 mg Chol

Auf Salat anrichten

150 g Feldsalat mit einem Dressing aus 150 g Joghurt (1 % Fett), 1 EL Sherry-Essig, 2 TL Öl, 1 TL Dijon-Senf, 2 TL gehackten Kapern, Salz und Pfeffer vermischen. Salat portionsweise mit der Räucherfisch-Terrine anrichten.

Canapé fürs Buffet

Dünne Kastenbrotscheiben vierteln. Mit Salatblättchen und Räucherfisch-Terrine belegen, mit Kresse garnieren.

Vitello „tomato“

Für 4-6 Portionen

- 500 g Kalbsnuss
- 1 l Gemüsebrühe (Gemüsesuppe)
- 1 Suppengrün, kleine Stücke
- 1 Zwiebel, feine Ringe
- 2 Lorbeerblätter
- 2 Pimentkörner
- 6 schwarze Pfefferkörner
- 4 Tomaten, halbiert
- 150 g Joghurt (1 % Fett)
- 3 EL saure Sahne (Sauerrahm)
- 2 EL Majonäse (30 % Fett)
- 1 EL Kapern, fein gehackt
- Salz
- gemahlener Pfeffer
- 2 EL Petersilie, fein gehackt

Die Kalbsnuss mit einem Leinenfaden zusammenbinden.

Gemüsebrühe mit dem Suppengrün, Zwiebeln, Lorbeerblättern, Piment und Pfeffer zum Kochen bringen. Fleisch darin zugedeckt 40 Minuten leicht kochen. Fleisch in der Brühe abkühlen lassen.

Backofen auf 200 °C vorheizen. Die Tomaten nebeneinander auf ein Backblech setzen, im vorgeheizten Ofen 20 Minuten garen. Tomaten abziehen und mit dem Mixstab fein pürieren.

Tomatenpüree, Joghurt und Majonäse zu einer glatten Soße rühren. Kapern untermischen, mit Salz und Pfeffer abschmecken.

Das Kalbfleisch in sehr dünne Scheiben schneiden. Etwas Soße auf einer Platte verteilen. Das Kalbfleisch darauflegen, mit der restlichen Soße überziehen und im Kühlschrank 2 Stunden marinieren lassen. Mit Petersilie bestreut servieren.

Nährwert pro Portion (bei 6 Portionen):
150 kcal, 6 g F, 19 g E, 5 g KH, 66 mg Chol

Antipasti – ofengebratene Auberginen und Zucchini

Für 4 Portionen

- 500 g Auberginen (Melanzani), 1 cm dünne Scheiben
- 500 g Zucchini, 1 cm dünne Scheiben
- 2 EL Olivenöl
- Saft von 1/2 Zitrone
- 1 Bund Basilikum (oder 2 EL tiefgekühltes Basilikum), fein geschnitten
- 1/2 TL Bio-Zitronenschale, fein gehackt
- 1 Knoblauchzehe, fein gehackt
- Salz
- Pfeffer

Backofen auf Ofen 200 °C vorheizen.

Ein Backblech mit Backpapier belegen. Auberginen nebeneinander darauflegen, dünn mit 1 TL Öl einstreichen und braten. Nach 10 Minuten die Auberginen umdrehen. Jetzt die Zucchini ebenfalls auf das Backblech legen, dünn mit 1 TL Öl einstreichen und 10 Minuten garen.

Zitronensaft, restliches Olivenöl, Basilikum, Zitronenschale und Knoblauch verrühren. Marinade mit Salz und Pfeffer würzen.

Auberginen und Zucchini auf beiden Seiten mit der Marinade bestreichen, in eine Schüssel schichten und abkühlen lassen.

Nährwert pro Portion: 111 kcal, 6 g F, 4 g E, 9 g KH, 0 mg Chol

Praktisch
Gleich eine größere Menge mariniertes Grillgemüse vorbereiten. Es hält sich gut verschlossen im Kühlschrank einige Tage.

Antipasti mit Käse
Marinierte Auberginen und Zucchini portionsweise anrichten, mit je 1 EL Parmesanspänen oder 1 EL zerbröseltem Schafskäse bestreuen.

Blitzschneller cremiger Salat
200 g Joghurt, Salz und Pfeffer verrühren. Marinierte Auberginen und Zucchini in kleine Stücke schneiden und mit dem Dressing vermischen.

Baguette provencale
Snacken nach dem Baustein-Prinzip: Ein Baguette längs halbieren, im Backofen rösten mit Schafskäsecreme (S. 34) bestreichen, mit marinierten Auberginen und Zucchini belegen.

Schafskäse-Kräuter-Terrine

Für 4 Portionen

- 250 g Schaffrischkäse
- 250 g Schafmilchjoghurt
- 8 Blättchen Minze, fein geschnitten
- 1 Bund Schnittlauch, fein geschnitten
- Salz
- Pfeffer
- 6 Blatt weiße Gelatine
- 1 TL geröstete Kürbiskerne
- 2 Schalotten, feine Scheiben
- 1 EL Kürbiskernöl

Mit dem Handmixer Schaffrischkäse und Schafmilchjoghurt glatt rühren. Minze und Schnittlauch untermischen. Käsecreme mit Salz und Pfeffer abschmecken. 6 kleine Portionsförmchen (100 ml) kalt abspülen und abtrocknen. Gelatine in kaltem Wasser einweichen, abtropfen lassen und nur so lange erhitzen, bis sie geschmolzen ist. Gelatine mit dem Rührgerät unter die Käsecreme mischen.

Die Masse in die Förmchen füllen, zum Festwerden 3 Stunden kalt stellen.

Schafskäse-Kräuter-Terrine auf kleine Teller stürzen, mit Kürbiskernen, Schalotten und Kürbiskernöl garnieren.

Nährwert pro Portion: 154 kcal, 13 g F, 6 g E, 4 g KH, 35 mg Chol

Käferbohnensalat mit Radieschen

4-6 Portionen

- 200 g Käferbohnen
- 3 Knoblauchzehen
- 4 Zweigchen Thymian
- 2 EL Weißweinessig
- 1 TL Senf
- Salz
- Pfeffer
- 1 rote Zwiebel, fein gehackt
- 8 Radieschen, feine Stifte
- 2 EL Kürbiskernöl

Käferbohnen 6 Stunden einweichen, abgießen und abtropfen lassen. Käferbohnen mit Knoblauch und Thymian in reichlich Wasser ca. 1 Stunde weich kochen.

Käferbohnen abgießen. Dabei 100 ml Kochflüssigkeit auffangen und mit Weißweinessig, Senf, Salz und Pfeffer verrühren. Käferbohnen mit der Marinade und den Zwiebeln vermischen. Salat mindestens 1 Stunde durchziehen lassen, mit Essig, Salz und Pfeffer abschmecken. Radieschen mit etwas Salz vermischen und kurz ziehen lassen.

Salat portionsweise anrichten, mit Kürbiskernöl beträufeln, mit den marinierten Radieschen garnieren.

Nährwert pro Portion (bei 6 Portionen): 128 kcal, 4 g F, 8 g E, 15 g KH, 0 mg Chol

Kräuter-Joghurt-Dressing

Für 4-6 Portionen

- 200 g Joghurt (1 % Fett)
- 1/2 EL Apfelessig
- 1 EL Zitronensaft
- 1 EL Öl
- 1/2 Bund Petersilie, fein gehackt
- 2 EL Dill, fein geschnitten
- 3 EL Schnittlauch, fein geschnitten
- Salz
- Pfeffer

Mit dem Mixstab oder im Mixglas Joghurt, Apfelessig, Zitronensaft, Öl, Petersilie und Dill fein pürieren. Schnittlauch unterrühren. Dressing mit Salz und Pfeffer abschmecken.

Nährwert pro Portion (bei 4 Portionen):
48 kcal, 3 g F, 3 g E, 3 g KH, 1 mg Chol

Der Geschmack des Sommers

Mixen Sie dieses Dressing auch mit Basilikumblättchen, erfrischender Minze und Oregano.

Eines für alle

Das kräuterwürzige Dressing passt zu Blattsalaten, Gemüserohkost, aber auch zu gedämpften Blumenkohl- oder Brokkoliröschen.

Besonders saftiger Kartoffelsalat

Dafür 700 g speckige Kartoffeln in der Schale weich dämpfen, abziehen, in dünne Scheiben schneiden und heiß mit 2 EL Essig, 1 EL Öl, 1 gehackten Zwiebel, 70 ml heißer Gemüsebrühe vermischen, mit Salz und Pfeffer abschmecken. Salat durchziehen lassen und mit dem Kräuter-Joghurt-Dressing vermischen. Zum Hauptgericht wird der Kartoffelsalat mit Räucherlachs oder geräucherter Forelle.

Samtiges Kartoffel-Dressing

Für 4-6 Portionen

- 1 mehlige, gekochte Kartoffel (ca. 80 g)
- 1 1/2 EL Essig
- 1 EL Olivenöl
- 150 g Joghurt (1 % Fett)
- 1 TL Senf
- Salz

Die Kartoffel fein reiben. Mit dem Handmixer Kartoffel, Essig, Olivenöl, Joghurt und Senf glatt rühren. Dressing mit Salz abschmecken.

Nährwert pro Portion (bei 4 Portionen):
52 kcal, 3 g F, 2 g E, 4 g KH, 2 mg Chol

Varianten

Fein gehackten Knoblauch oder Zwiebeln untermischen. Dressing mit Buttermilch oder fettarmem Kefir zubereiten.

Besonders gut zu

einer knackigen Mischung aus Feldsalat, Radicchio, Radieschen und roten Zwiebeln.

Paprika-Rahm-Dressing

Für 4-6 Portionen

- 1 roter Paprika
- 2 EL saure Sahne (Sauerrahm)
- 1/2 EL Essig
- 1/2 EL Zitronensaft
- 1/2 TL Bio-Zitronenschale, fein gehackt
- Salz
- Chili

Paprika im Ganzen in kochendem Wasser ca. 15 Minuten weich garen. Paprika abgießen und abtropfen lassen. Strunk und Trennwände entfernen.

Mit dem Mixstab Paprika, saure Sahne, Essig, Zitronensaft und Zitronenschale fein pürieren. Dressing mit Salz und Chili abschmecken.

Nährwert pro Portion (bei 4 Portionen):
33 kcal, 3 g F, 1 g E, 2 g KH, 4 mg Chol

Marinierter Lauch mit rotem Dressing

Dafür 500 g jungen Lauch in 10 cm lange Stücke schneiden, in 250 ml Salzwasser mit 1/2 EL Zitronensaft 10 Minuten köcheln und im Kochsud abkühlen lassen. Lauch aus dem Sud nehmen, mit dem Paprika-Rahm-Dressing anrichten.

Cremiges Karotten-Tofu-Dressing

Für 6-8 Portionen

- 150 g Tofu, kleine Würfel
- 1 EL Olivenöl
- 1 EL Essig
- 1-2 EL Zitronensaft
- 1 EL Dijon-Senf
- 1 TL Honig
- 1/2 TL frischer Ingwer, fein gehackt
- 100 ml Karottensaft (frisch gepresst oder Flasche)
- Salz
- Chili

Tofu, Olivenöl, Essig, Zitronensaft, Dijon-Senf, Honig, Ingwer und Karottensaft im Mixer oder im Cutter auf höchster Stufe zu einer glatten Soße pürieren. Dressing mit Salz und Chili abschmecken.

Nährwert pro Portion (bei 6 Portionen):
48 kcal, 3 g F, 3 g E, 2 g KH, 0 mg Chol

Wie Majo-Dressing, aber besser

Cholesterinfrei und fettarm, dazu überzeugend cremig: Dieses Tofu-Dressing mit der ansprechenden orangen Farbe macht jeden Salat saftig, ob zartes Blättchen oder knackiges Gemüse. Voraussetzung für den Erfolg: das Dressing so lange auf höchster Stufe pürieren, bis es die Konsistenz von Majonäse hat.

Radicchio, Feldsalat, Grapefruit und Fenchel mit Zitruscreme-Dressing

Für 4 Portionen

Dressing
- Saft von 1 Orange
- 2 EL Zitronensaft
- 2 EL saure Sahne (Sauerrahm)
- 1/2 TL Bio-Orangenschale, fein gehackt
- Salz
- Pfeffer

Salat
- 1 rosa Grapefruit
- 1 kleiner Radicchio, mundgerechte Stücke
- 100 g Feldsalat
- 1 Fenchelknolle, feine Streifen
- 1 kleine rote Zwiebel, feine Ringe
- 4 EL Alfalfa-Sprossen

Für das Dressing Orangen- und Zitronensaft, saure Sahne und Orangenschale glatt rühren. Dressing mit Salz und Pfeffer abschmecken.

Die Grapefruitschale mit einem scharfen Messer dünn abschneiden. Über einer Schüssel die Grapefruitschnitze zwischen den Trennhäuten herausschneiden. Dabei den herabtropfenden Saft auffangen. Die Grapefruitreste mit der Hand auspressen. Aufgefangenen Grapefruitsaft mit dem Dressing vermischen.

Radicchio, Feldsalat, Grapefruitschnitze, Fenchel und Zwiebeln mit dem Dressing vermischen. Salat mit Alfalfa-Sprossen bestreuen.

Nährwert pro Portion: 73 kcal, 1 g F, 3 g E, 10 g KH, 3 mg Chol

Salat mit gebratenen Hähnchenstreifen
So wird der Salat zum Hauptgericht: Für 4 Portionen 500 g Hähnchenbrust in dünne Streifen schneiden, in 1 EL Öl braten, mit 2 EL Sojasoße ablöschen, mit 1/2 TL Curry würzen und unter Rühren braten, bis die Flüssigkeit verdampft ist. Salat portionsweise mit den gebratenen Hühnerstreifen anrichten. Dazu feines Weizenvollkornbrot essen.

Sommersalat mit Avocado und Croutons

Für 4 Portionen

- 600 g Tomaten, Würfel
- 1 roter Paprika, kleine Würfel
- 1 rote Zwiebel, fein gehackt
- 1 Knoblauchzehe, fein gehackt
- Saft von 1/2 Zitrone
- 1/2 EL Essig
- Salz
- Pfeffer
- 4 Scheiben feines Weizenvollkornbrot, kleine Würfel
- 1 reife, weiche Avocado, kleine Würfel
- 1/2 Bund Basilikum, fein geschnitten
- 2 Zweigchen Minze, fein geschnitten

Tomaten, Paprika, Zwiebeln, Knoblauch, Zitronensaft, Essig, Salz und Pfeffer vermischen. Den Salat etwas durchziehen lassen, dann bildet sich reichlich würziger Saft.

Brotwürfel auf ein kleines Blech geben und im Ofen bei 150 °C 5 Minuten knusprig rösten, dabei einmal umdrehen.

Avocado, Basilikum und Minze unter den Salat mischen, mit Salz, Pfeffer und Zitronensaft abschmecken. Salat portionsweise anrichten, mit den Croutons bestreuen.

Nährwert pro Portion: 211 kcal, 10 g F, 6 g E, 24 g KH, 0 mg Chol

Salat à la mexicana

1 gehackte Chilischote und 2 EL frischen, gehackten Koriander unter den Salat mischen, den Zitronen- durch Limettensaft ersetzen und statt der knusprigen Brotcroutons weiche Wrap-Tortillas dazuessen.

Vitamine im Winter – Gemüse-Endivien-Salat

Für 4 Portionen

- 1 Karotte, grob geraspelt
- 100 g Sellerie, grob geraspelt
- 100 g Weißkraut, fein gehobelt
- 4 Radieschen, feine Stifte
- Saft von 1 Zitrone
- 1 EL weißer Balsamico-Essig
- 2 EL Öl
- 1/4 Endiviensalat, feine Streifen
- 1 Bund Petersilie, fein zerzupft

Karotte, Sellerie, Weißkraut und Radieschen mit Zitronensaft, Balsamico-Essig und Öl vermischen, mit Salz und Pfeffer würzen, etwas durchziehen lassen.

Kurz vor dem Essen Endiviensalat und Petersilie untermischen.

Nährwert pro Portion: 88 kcal, 5 g F, 2 g E, 7 g KH, 0 mg Chol

Petersilie bundweise

Ja bitte und vor allem im Winter! Denn unser Allerweltskräutlein enthält dreimal so viel schützendes Vitamin C wie Orangen, dazu jede Menge blutbildendes Eisen und wirkt im Organismus stark basenbildend.

Salat mit Erbsenschoten, Brunnenkresse und Karotten-Vinaigrette

Für 2 Portionen

Salat
- 80 g Erbsenschoten
- 1/4 Lollo Verde, mundgerechte Stücke
- 1 Handvoll Brunnenkresse, mundgerechte Stücke
- Salz

Vinaigrette
- 1/2 Karotte, winzige Würfel
- 1/4 Gelbe Rübe, winzige Würfel
- 1 Schalotte, fein gehackt
- Saft von 1/2 Zitrone
- 2 TL Apfelessig
- Salz
- Pfeffer
- 1 EL ÖL

Erbsenschoten kurz in kochendem Salzwasser blanchieren, abgießen und eiskalt abschrecken, so bleibt die strahlend grüne Farbe erhalten.

Für das Dressing Karotte, Gelbe Rübe, Schalotten mit Zitronensaft, Apfelessig, Salz und Pfeffer vermischen. Marinade etwas durchziehen lassen. Öl unterrühren.

Erbsenschoten, Lollo Verde und Brunnenkresse portionsweise anrichten, das Dressing darauf verteilen.

Nährwert pro Portion: 110 kcal, 6 g F, 4 g E, 10 g KH, 0 mg Chol

Vorspeise und Hauptgericht

Mit den knusprigen Crostini schmeckt der Salat als leichte Hauptmahlzeit, aber auch als Vorspeise macht er im wahrsten Sinn des Wortes eine gute Figur!

Crostini mit Räucherforellen-Creme

Für 6 Crostini

- 100 g geräuchertes Forellenfilet, Stücke
- 100 g Magerquark (Magertopfen) oder fettarmer Frischkäse
- 2 TL geriebener Meerrettich (Kren) aus dem Glas
- 2 TL Zitronensaft
- Salz
- 6 Scheiben Vollkornbaguette

Forellenfilet, Magerquark, Meerrettich und Zitronensaft im Cutter oder mit dem Mixstab zu einer glatten Creme verarbeiten, mit Salz abschmecken. Brotscheiben knusprig toasten und mit der Räucherforellen-Creme bestreichen.

Nährwert pro Crostino: 73 kcal, 1 g F, 7 g E, 8 g KH, 10 mg Chol

Spargelsalat mit Erdbeeren und Basilikum-Zitrusette

Für 4 Portionen

Salat

- 1 kg weißer Spargel
- Salz
- 1/2 Bio-Zitrone, dicke Scheiben
- 1 TL Zucker
- 1 TL Butter
- 250 g Erdbeeren, kleine Stücke

Basilikum-Zitrusette

- Saft von 1 großen Zitrone
- 4 EL Spargel-Kochwasser
- Salz
- Pfeffer
- 1 EL Olivenöl
- 1 TL Bio-Zitronenschale, fein gehackt
- 1 Bund Basilikum, fein geschnitten

Spargel großzügig schälen, die trockenen Enden abschneiden. Salzwasser mit Zitronenscheiben, Zucker und Butter zum Kochen bringen. Den Spargel darin ca. 12 Minuten bissfest köcheln.

Für das Dressing Zitronensaft und Spargelkochwasser mit Salz und Pfeffer verrühren. Mit einem kleinen Schneebesen oder der Gabel das Olivenöl langsam unterrühren. Zitronenschale und Basilikum untermischen.

Spargel aus dem Sud nehmen, auf einer Platte anrichten. Vorsichtig mit der Basilikum-Zitrusette vermischen, mit den Erdbeeren bestreuen.

Nährwert pro Portion: 99 kcal, 3 g F, 5 g E, 11 g KH, 0 mg Chol

Spinatsalat mit Pilzen

Für 4 Portionen

- 500 g Spinat
- Salz
- 1 EL Olivenöl
- 2 Knoblauchzehen, feine Scheiben
- 250 g Champignons, dünne Scheiben
- Saft von 1/2 Zitrone
- 2 Frühlingszwiebeln, feine Ringe
- Pfeffer

Spinat mit etwas Salz in einen großen Topf geben. Zugedeckt bei guter Hitze 2 Minuten zusammenfallen und in einem Sieb abtropfen lassen. Spinat in mundgerechte Stücke schneiden.

Öl in einer großen Pfanne erhitzen. Knoblauch unter Rühren anbraten. Champignons dazugeben, unter Rühren 3 Minuten braten. Spinat untermischen, kurz erhitzen.

Spinat und Pilze in eine Schüssel geben, Zitronensaft und Frühlingszwiebeln untermischen. Salat mit Salz und Pfeffer abschmecken.

Nährwert pro Portion: 61 kcal, 3 g F, 5 g E, 3 g KH, 0 mg Chol

Weiß-grüner Blumenkohlsalat

Für 4 Portionen

- 200 ml Wasser
- Salz
- 1 Stück Bio-Zitronenschale
- 1 Blumenkohl (Karfiol), kleine Röschen
- 2 EL Zitronensaft
- 1 EL Sherry-Essig
- 1 EL Öl
- Pfeffer
- 1 Bund Petersilie, fein gehackt

200 ml Salzwasser mit der Zitronenschale zum Kochen bringen. Blumenkohl dazugeben, zugedeckt ca. 6 Minuten bissfest dünsten.

Blumenkohl abgießen, Kochwasser auffangen. Zitronensaft, Sherry-Essig und Öl verrühren, mit dem Blumenkohl vermischen. Salat mit Salz und Pfeffer würzen.

Garflüssigkeit um die Hälfte einkochen, mit dem Blumenkohl vermischen. Salat durchziehen lassen, mit Zitronensaft, Salz und Pfeffer abschmecken. Vor dem Servieren die Petersilie untermischen.

Nährwert pro Portion: 66 kcal, 3 g F, 4 g E, 5 g KH, 0 mg Chol

Orientalischer Salat

1 TL ganze Cuminsamen (Kreuzkümmel) in einer trockenen Pfanne anrösten und im Mörser zerstoßen. Cumin und 1 gehackte Knoblauchzehe mit dem Blumenkohlsalat vermischen.

Gruß vom Mittelmeer

2 klein gewürfelte Tomaten und 3 EL fein geschnittenes Basilikum kurz vor dem Servieren mit dem Blumenkohlsalat vermischen.

Ausflug nach Indien

1 TL schwarze Senfkörner anrösten. 100 g Joghurt, schwarze Senfkörner und 2 TL gehackte Minze verrühren und mit dem Blumenkohlsalat vermischen.

Brokkoli-Mais-Salat mit Salsa

Für 4 Portionen

Salat

- 150 g Mais, tiefgefroren
- Salz
- Saft von 1 Limette oder Zitrone
- 2 Knoblauchzehen, fein gehackt
- 1/4 TL Oregano
- Chili
- 300 g Brokkoli, kleine Röschen

Salsa

- 3 Tomaten, kleine Würfel
- 1 grüner Paprika, kleine Würfel
- 2 Frühlingszwiebeln, feine Ringe
- 1 EL Olivenöl
- Salz

Gefrorenen Mais in kochendes Salzwasser geben, ca. 4 Minuten kochen, abgießen und abtropfen lassen. Mais mit Limettensaft, Knoblauch, Oregano und Chili vermischen, mit Salz abschmecken, etwas durchziehen lassen.

Brokkoli in einem Siebeinsatz über Wasserdampf bissfest garen oder wie gewohnt im Dampfgarer dämpfen, etwas abkühlen lassen.

Für die Salsa Tomaten, Paprika, Frühlingszwiebeln, Öl und Salz vermischen. Etwas ziehen lassen, die Tomaten bilden reichlich würzigen Saft.

Mais und Brokkoli mit der Salsa vermischen. Salat mit Zitronensaft, Salz und Chili abschmecken.
Nährwert pro Portion: 118 kcal, 4 g F, 6 g E, 15 g KH, 0 mg Chol

Mit Brathähnchen

Gebratene, klein gewürfelte Hähnchenbrust (S. 30) mit dem Salat vermischen, dazu Vollkornbrot – und schon wieder ist ein leichtes Hauptgericht fertig.

Rotkrautsalat mit Mandarinen und Radieschensprossen

Für 4 Portionen

- 400 g Rotkraut, fein gehobelt
- Salz
- Saft von 2 Orangen
- 2 EL Zitronensaft
- 1 EL Öl
- 1/2 rote Zwiebel, fein gehackt
- 2 Mandarinen, kleine Stücke
- Pfeffer
- 4 EL Radieschensprossen

Rotkraut mit Salz gut verkneten, mit Orangen- und Zitronensaft und Öl vermischen, zugedeckt 30 Minuten ziehen lassen. Rotkraut mit Zwiebeln und Mandarinen vermischen. Salat mit Salz und Pfeffer abschmecken, mit Radieschensprossen bestreuen.
Nährwert pro Portion: 95 kcal, 3 g F, 2 g E, 13 g KH, 0 mg Chol

Salat aus ofengebratenen Roten Rüben mit Meerrettich-Dip

Für 4 Portionen

Salat

- 600 g junge Rote Rüben (Rote Bete)
- Saft von 1 Zitrone
- 1 EL Sherry-Essig
- 1 EL Olivenöl
- 1 kleine, rote Zwiebel, fein gehackt
- Salz
- Pfeffer

Meerettich-Dip

- 200 g Joghurt (1 % Fett)
- 2 TL Zitronensaft
- 1 EL Meerrettich (Kren) aus dem Glas
- Salz

Backofen auf 200 °C vorheizen. Die gewaschenen, ungeschälten Roten Rüben in Alufolie wickeln, im vorgeheizten Ofen ca. 30 Minuten garen. Die Rüben sollen weich mit Biss sein, darum mit einem kleinen scharfen Messer die Probe machen.

Rote Rüben abziehen, in feine Scheiben schneiden, mit Zitronensaft, Essig, Olivenöl und Zwiebeln vermischen, mit Salz und Pfeffer würzen. Salat etwas durchziehen lassen.

Joghurt, Zitronensaft und Meerrettich verrühren, mit Salz abschmecken. Rote-Rüben-Salat portionsweise mit dem Meerrettich-Dip anrichten.

Nährwert pro Portion: 129 kcal, 4 g F, 4 g E, 19 g KH, 3 mg Chol

Mit Fisch

Wieder ein praktisches und vielseitig einsetzbares Rezept: Salat portionsweise anrichten, darauf ein paar Stückchen Matjesfilet geben. Auch die Crostini mit Räucherforellen-Creme (S. 56) schmecken dazu.

Für Apfelfreunde

Fruchtig geht es weiter. Einen saftigen, säuerlichen Apfel in feine Scheibchen schneiden. Diese mit wenig Orangen- und Zitronensaft vermischen. Rote-Rüben-Salat portionsweise anrichten, Apfelscheiben und Meerrettich-Dip darüber verteilen, mit gehackter Petersilie bestreuen. Sieht gut aus, besonders wenn der Apfel nicht geschält ist.

Sizilianischer Nudelsalat
mit Tomaten-Dressing

Zutaten für 4-6 Portionen

Dressing

- 500 g Tomaten
- 1 rote Zwiebel, fein gehackt
- 2 Knoblauchzehen, fein gehackt
- 2 TL frischer Oregano, fein gehackt
- 2 EL Sherry- oder Weißweinessig
- 1 EL Olivenöl
- Salz
- Pfeffer

Salat

- 250 g Spiralnudeln (aus Hartweizen)
- Salz
- 1 Bund Basilikum, fein geschnitten
- 1 gelber Paprika, kleine Würfel
- 1/2 Gurke, kleine Würfel
- 150 g Schafskäse (Feta), fein zerbröselt
- 10 schwarze Oliven, kleine Stücke

Für das Dressing die Tomaten kurz in kochendes Wasser legen, abgießen und abziehen. Tomaten in sehr kleine Würfel schneiden. Tomaten, Zwiebeln, Knoblauch, Oregano, Essig und Öl vermischen. Dressing mit Salz und Pfeffer abschmecken und etwas ziehen lassen. So bildet sich reichlich würziger Saft.

In dieser Zeit die Nudeln in reichlich Salzwasser bissfest kochen, abgießen, kalt abschrecken und gut abtropfen lassen.

Nudeln mit dem Tomatendressing vermischen, etwas durchziehen lassen.

Kurz vor dem Servieren Basilikum, Paprika, Gurke, Schafskäse und Oliven untermischen. Salat mit Salz und Pfeffer abschmecken.

Nährwert pro Portion (bei 6 Portionen):
259 kcal, 8 g F, 11 g E, 25 g KH, 11 mg Chol

Bestens geeignet für Partys

Auch in größeren Mengen schnell zubereitet, dabei äußerst preisgünstig.

Karibischer Reissalat
mit Ananas und Mango

Für 4 Portionen

- 100 ml ungesüßte Kokosmilch (Tetra-Pak)
- 200 ml Wasser
- 1–2 TL Instant-Gemüsebrühe (Gemüsesuppe)
- 1 TL Currypulver
- 1 Stück Bio-Zitronenschale
- 150 g Naturreis (Rundkorn)
- Saft von 2 Orangen
- Saft von 1/2 Zitrone
- 2 TL Sojasoße
- 1 TL Honig
- 1 TL frischer Ingwer, fein gehackt
- Chili
- 150 g Ananas, kleine Stücke
- 1 kleine Mango, kleine Stücke
- 1 Karotte, grob gerieben
- 3 Frühlingszwiebeln, feine Ringe

Kokosmilch und Wasser mit Gemüsebrühe, Currypulver und Zitronenschale zum Kochen bringen. Reis untermischen und zugedeckt ca. 35 Minuten weich köcheln. Bei Bedarf noch etwas Wasser dazugeben. Reis vom Herd nehmen und zugedeckt ausquellen lassen. Zitronenschale entfernen.

Für das Dressing Orangen- und Zitronensaft mit Sojasoße, Honig, Ingwer und Chili verrühren.
Den heißen Reis mit dem Dressing vermischen und abkühlen lassen.

Reissalat mit Ananas, Mango, Karotte und Frühlingszwiebeln vermischen. Salat mit Orangen- und Zitronensaft, Salz und Chili abschmecken.

Nährwert pro Portion: 278 kcal, 6 g F, 5 E, 50 KH, 0 mg Chol

Mit knusprigem Ofen-Tofu

250 g kleine Tofuwürfel in eine kleine ofenfeste Form geben, mit 3 EL Sojasoße, 4 EL Medium Sherry, 1 TL Honig, 1 TL gehackten Ingwer und 1 EL ÖL vermischen und 1 Stunde durchziehen lassen. Tofu samt Marinade im vorgeheizten Ofen bei 200 °C ca. 15 Minuten backen, etwas abkühlen lassen und mit dem Reissalat vermischen.

Auch gut: mit Pimiento-Hähnchen

300 g Hähnchenbrust in Streifen schneiden. 100 g Joghurt (1 % Fett), 1 gehackte Knoblauchzehe, 1 EL Sojasoße, 1 EL Tomatenmark, 2 TL edelsüßes Paprikapulver und 1 Prise Chili glatt rühren. Hähnchenfleisch mit der Marinade vermischen, 2 Stunden kalt stellen.

Fleisch aus der Marinade nehmen, abtropfen lassen. In einer beschichteten Pfanne 1 EL Öl erhitzen. Hähnchenstreifen leicht salzen, die halbe Menge unter Rühren braten, herausnehmen, danach den Rest braten. Portionsweise auf dem karibischen Reissalat anrichten.

Hähnchenbrust im Kräutermantel

Für 4 Portionen

- 4 Stücke Hähnchenbrust (à 125 g)
- 2 Knoblauchzehen, grob gehackt
- 1/2 Bund Basilikum, grob geschnitten
- 2 Zweigchen Thymian, grob gehackt
- 4 Zweigchen Oregano, grob gehackt
- 3 EL Joghurt (1 % Fett)
- 2 EL Olivenöl
- 2 EL Dijon-Senf
- Salz

Fleischstücke nebeneinander in eine Form legen.

Mit dem Mixstab Knoblauch, Basilikum, Thymian, Oregano, Joghurt, Olivenöl und Senf glatt pürieren. Hähnchenbrust mit der Marinade übergießen, im Kühlschrank 2 Stunden durchziehen lassen.

Backofen auf 180 °C vorheizen. Hähnchenbruststücke abtropfen lassen, leicht salzen, nebeneinander in eine flache Form legen und im vorgeheizten Ofen 20 Minuten braten.

Hähnchenbrust heiß oder kalt in Scheiben schneiden, portionsweise mit dem marinierten Sommergemüse anrichten.

Nährwert pro Portion: 195 kcal, 5 g F, 36 g E, 1 g KH, 99 mg Chol

Einmal durchs Kräuterbeet – mariniertes Sommergemüse

Für 4 Portionen

- 2 rote Paprika
- 1 gelber Paprika
- Saft von 1 Zitrone
- 2 EL Olivenöl
- 1 Knoblauchzehe, fein gehackt
- 1 EL Kapern, fein gehackt
- 1/2 Bund Basilikum, fein geschnitten
- 3 Zweigchen Minze, fein geschnitten
- 2 Zweigchen Oregano, fein gehackt
- Salz
- Pfeffer
- 400 g Auberginen (Melanzani), 1 cm dicke Scheiben
- 400 g Zucchini, 1 cm dicke Scheiben
- 4 Frühlingszwiebeln, längs halbiert

Backofen auf 200 °C vorheizen. Die ganzen Paprikaschoten auf den Rost (Mittelschiene) legen und 20 Minuten garen, bis die Haut Blasen wirft und sich dunkelbraun verfärbt.

Paprika in einer zugedeckten Schüssel etwas abkühlen lassen. Paprika über einer Schüssel vorsichtig anstechen, dabei den Paprikasaft auffangen. Paprika abziehen, Stielansatz und Kerne entfernen. Fruchtfleisch in dünne Streifen schneiden.

Paprikasaft, Zitronensaft, 1 EL Olivenöl, Knoblauch, Kapern, Basilikum, Minze und Oregano vermischen. Paprika mit der Marinade vermischen, mit Salz und Pfeffer würzen.

Ein Backblech mit Backpapier belegen. Auberginen nebeneinander darauflegen, mit 1/2 EL Olivenöl bestreichen, 8 Minuten im Ofen garen und umdrehen. Jetzt Zucchini und Frühlingszwiebeln ebenfalls auf das Backblech legen, mit Öl beträufeln und weitere 12 Minuten garen.

Auberginen, Zucchini und Frühlingszwiebeln mit dem marinierten Paprika vermischen. Mariniertes Gemüse mit Zitronensaft, Salz und Pfeffer abschmecken, kalt stellen und 2 Stunden durchziehen lassen.

Nährwert pro Portion:

169 kcal, 7 g F, 6 g E, 20 g KH, 0 mg Chol

Heringssalat mit Apfel und Kartoffeln

Für 4 Portionen

- 600 g festkochende Kartoffeln
- 100 ml Gemüsebrühe (Gemüsesuppe)
- Saft von 1/2 Zitrone
- 1 TL Bio-Zitronenschale
- Muskat
- 2 EL saure Sahne (Sauerrahm)
- 250 g Joghurt (1 % Fett)
- Salz
- Pfeffer
- 4 Bismarckheringfilets à 80 g
- 1 großer, saftiger, säuerlicher Apfel, ungeschält, kleine Würfel
- 1 Essiggurke, fein gehackt
- 1 rote Zwiebel, fein gehackt

Kartoffeln in der Schale weich dämpfen, abziehen und in kleine Würfel schneiden. Kartoffeln mit Gemüsebrühe, Zitronensaft, Zitronenschale und Muskat vermischen und etwas durchziehen lassen.

Saure Sahne und Joghurt glatt rühren. Dressing mit Salz und Pfeffer abschmecken.

Kartoffeln, Hering, Apfel, Essiggurke und Zwiebeln mit dem Dressing vermischen. Salat mit Zitronensaft, Salz und Pfeffer abschmecken.

Nährwert pro Portion: 312 kcal, 12 g F, 18 g E, 33 g KH, 62 mg Chol

Kichererbsen-Paprika-Salat mit gegrilltem Knoblauch

Für 4-6 Portionen

- 2 rote Paprika
- 2 gelbe Paprika
- 8 Knoblauchzehen
- 2 EL Olivenöl
- 2 EL Zitronensaft
- 1 EL Sherry-Essig
- Salz
- Pfeffer
- 250 g gekochte, abgetropfte Kichererbsen (Dose)
- 1/2 TL Thymian

Backofen auf 200 °C vorheizen. Die ganzen Paprikaschoten auf den Rost (Mittelschiene) legen, insgesamt 20 Minuten im Ofen braten, bis die Haut Blasen wirft und sich dunkelbraun färbt. Nach 5 Minuten den Knoblauch dazugeben: Die ganzen Knoblauchzehen mit 1 EL Olivenöl vermischen, in eine kleine ofenfeste Form geben und 15 Minuten mit den Paprikaschoten garen.

Damit sich die Haut leicht abziehen lässt, die Paprikaschoten zugedeckt in einer Schüssel abkühlen lassen. Paprika über einer Schüssel vorsichtig anstechen, dabei den aromatischen Saft auffangen. Er ist die Basis für das fettfreie Dressing. Die Paprikahaut abziehen, Kerne und Stielansatz entfernen. Fruchtfleisch in dünne Streifen schneiden.

Paprika, Knoblauch, aufgefangenen Paprikasaft, Zitronensaft und Essig vermischen. Salat mit Salz und Pfeffer würzen.

In einer beschichteten oder gusseisernen Pfanne 1 EL Olivenöl erhitzen. Kichererbsen darin unter Rühren kurz braten, mit Thymian und Salz würzen.

Kichererbsen mit dem Paprika-Salat vermischen. Salat etwas durchziehen lassen, mit Zitronensaft, Salz und Pfeffer abschmecken.

Nährwert pro Portion: 136 kcal, 6 g F, 5 g E, 14 g KH, 0 mg Chol

Lässt sich gut vorbereiten

Dieser Salat wird durch längeres Marinieren noch besser und kann schon Stunden, bevor die Gäste kommen, vorbereitet werden.

Suppen & Eintöpfe

„Tomate pur“-Suppe – ein Sommerrezept

Für 4–6 Portionen

- 1,2 kg reife Tomaten, halbiert
- 1 Zwiebel, grob gehackt
- 3 Knoblauchzehen, geschält
- 3 Zweigchen Thymian
- 3 Zweigchen Oregano
- 2 Lorbeerblätter
- 2 EL Olivenöl
- Salz
- Pfeffer
- 1 Bund Basilikum, fein geschnitten

Tomaten, Zwiebeln, die ganzen Knoblauchzehen, Thymian, Oregano, Lorbeerblatt und Olivenöl in einen Topf geben.

Alles gut verrühren. Tomaten zugedeckt bei milder Temperatur erhitzen, mit Salz und Pfeffer würzen.

Nach kurzer Zeit bildet sich reichlich würziger Saft. Die Suppe zugedeckt 30 Minuten köcheln.

Lorbeerblatt und Kräuterstiele entfernen. Suppe mit dem Mixstab fein pürieren, durch ein Sieb streichen. Tomatenrückstand mit der Rückseite eines Schöpflöffels so gut wie möglich durch das Sieb drücken.

Suppe nochmals erhitzen, mit Salz und Pfeffer abschmecken, Basilikum untermischen.

Nährwert pro Portion (bei 6 Portionen):
76 kcal, 3 g F, 3 g E, 8 g KH, 0 mg Chol

Arbeitszeit 10 Minuten, Kochzeit 30 Minuten

Den Sommer nutzen, massenhaft preisgünstige Tomaten kaufen, gleich eine größere Menge Suppe zubereiten und portionsweise einfrieren.

Grasgrüne Erbsensuppe

Für 4 Portionen

- 1 EL Öl
- 1 Zwiebel, fein gehackt
- Muskat
- 800 ml Gemüsebrühe (Gemüsesuppe)
- 1 Stück Bio-Zitronenschale
- 1 TL Liebstöckel
- 1 mehlige Kartoffel, kleine Würfel
- 300 g tiefgefrorene, junge Erbsen
- 1/2–1 EL Zitronensaft
- 2 EL saure Sahne (Sauerrahm)
- 1/2 Bund Schnittlauch, fein geschnitten

Öl in einem beschichteten Topf erhitzen. Zwiebeln darin zuerst bei milder Hitze glasig dünsten, dann unter Rühren goldgelb braten. Muskat untermischen, kurz anrösten. Mit Gemüsebrühe aufgießen, mit Zitronenschale und Liebstöckel würzen. Kartoffel untermischen, alles zugedeckt ca. 10 Minuten köcheln.

Tiefgekühlte Erbsen unterrühren. Suppe zum Kochen bringen, zugedeckt 3 Minuten köcheln. Mit dem Mixstab die Suppe mit der sauren Sahne fein pürieren, mit Zitronensaft, Salz und Pfeffer abschmecken, mit Schnittlauch bestreuen.

Nährwert pro Portion: 127 kcal, 4 g F, 6 g E, 15 g KH, 3 mg Chol

Pilz-Lauch-Cremesuppe mit Weißwein

Für 4–6 Portionen

- 20 g getrocknete Steinpilze
- 250 ml Wasser
- 1 EL Öl
- 1 Zwiebel, fein gehackt
- 300 g Lauch, feine Ringe
- 300 g Champignons, dünne Scheiben
- 1 Bund Petersilie, fein gehackt
- Muskat
- 1 EL Mehl
- 1,2 l Gemüsebrühe (Gemüsesuppe)
- 1 TL Basilikum
- 1 Lorbeerblatt
- 1 TL Zitronensaft
- 4 EL Weißwein
- 3 EL saure Sahne (Sauerrahm)
- 1 TL Butter

Steinpilze in 250 ml warmem Wasser 20 Minuten einweichen, abgießen, Einweichwasser auffangen und durch ein feines Sieb gießen.

Öl in einem beschichteten Topf erhitzen. Zwiebeln darin bei milder Hitze weich dünsten. Steinpilze, Lauch, 200 g Champignons, die Hälfte der Petersilie und eine gute Prise Muskat untermischen, kurz unter Rühren andünsten.

Mehl untermischen, kurz erhitzen. Mit Gemüsebrühe und Pilz-Einweichwasser aufgießen, alles gut verrühren, mit Basilikum und Lorbeer würzen. Suppe zugedeckt ca. 10 Minuten köcheln.

Mit dem Mixstab die Suppe mit der restlichen Petersilie, Zitronensaft, Weißwein und saurer Sahne fein pürieren, mit Muskat, Salz und Pfeffer abschmecken.

In einer beschichteten Pfanne 1 TL Butter erhitzen, die restlichen Champignons darin kurz anbraten, leicht salzen und in die heiße Suppe rühren.

Nährwert pro Portion: 78 kcal, 4 g F, 4 g E, 5 g KH, 5 mg Chol

Für Festmenüs bestens geeignet

Trotzdem sollte man sich diese Suppe auch im ganz normalen Alltag gönnen – sie ist viel zu gut, um nur ab und zu bei besonderen Anlässen verspeist zu werden.

Sahnige Bindung mit weniger Fett

Saure Sahne (Sauerrahm), angenehm frisch im Geschmack, enthält nur halb so viel Fett wie Sahne (Schlagobers) und fast nur ein Drittel so viel wie Creme fraîche. Saure Sahne hat jedoch einen Nachteil: Wird sie pur in heiße Flüssigkeit gerührt und aufgekocht, flockt sie aus. Dadurch entsteht zwar kein geschmacklicher Nachteil, aber an der Optik kann man sich stören. Es gibt jedoch einen einfachen Trick: Zur Verfeinerung von Suppen oder Soßen die saure Sahne mit Gemüse, Kartoffeln und Garflüssigkeit mit dem Mixstab auf höchster Stufe gründlich pürieren. Dann bindet die Sahne die Suppe angenehm cremig und flockt auch bei nochmaligem Erhitzen nicht aus.

Karotten-Orangen-Suppe mit feinem Kokosaroma

Für 4 Portionen

- 700 ml Gemüsebrühe (Gemüsesuppe)
- 1 kleine Zwiebel, fein gehackt
- Muskat
- 1/4 TL Zimt
- 400 g Karotten, dünne Scheiben
- 150 ml ungesüßte Kokosmilch (Tetra-Pak)
- 1 Stück Bio-Orangenschale
- 1 Stück Bio-Zitronenschale
- 1 TL frischer Ingwer, gehackt
- Salz
- Chili
- Saft von 1/2 Orange
- 2 TL Limetten- oder Zitronensaft
- 1 EL Petersilie, fein gehackt

Gemüsebrühe mit Zwiebeln, Muskat und Zimt zum Kochen bringen, zugedeckt ca. 10 Minuten köcheln, bis die Zwiebeln weich sind.

Karotten, Kokosmilch, Orangen-, Zitronenschale und Ingwer dazugeben, mit Salz und Chili würzen. Suppe ca. 8 Minuten köcheln, bis die Karotten weich sind.

Mit dem Mixstab die Suppe mit Orangen- und Limettensaft fein pürieren, mit Salz und Chili abschmecken, mit Petersilie bestreuen.

Nährwert pro Portion: 112 kcal, 7 g F, 3 g E, 10 KH, 0 mg Chol

Kleiner Aufwand, große Wirkung

Die Suppe portionsweise mit einer gegrillten Garnele anrichten, mit Orangenscheiben und frischem Koriander garnieren.

Spinat-Kartoffel-Cremesuppe

Für 4 Portionen

- 1 EL Öl
- 1 Zwiebel, fein gehackt
- 3 Knoblauchzehen, fein gehackt
- Muskat
- 800 ml Gemüsebrühe (Gemüsesuppe)
- 300 g mehlige Kartoffeln, kleine Stücke
- 1/2 TL Liebstöckel
- 1/2 TL Basilikum
- 1/2 TL Bio-Zitronenschale, fein gehackt
- 1 TL frischer Ingwer, fein gehackt
- 150 g tiefgekühlter, passierter Spinat
- 2 EL saure Sahne (Sauerrahm)
- 2 TL Zitronensaft

Öl in einem Topf erhitzen. Zwiebeln bei milder Hitze weich dünsten, Knoblauch und Muskat dazugeben, kurz anrösten.

Mit Gemüsebrühe aufgießen, zum Kochen bringen. Kartoffeln, Liebstöckel, Basilikum, Zitronenschale und Ingwer hinzufügen. Suppe zugedeckt ca. 10 Minuten köcheln, bis die Kartoffeln weich sind.

Tiefgekühlten Spinat unterrühren. Suppe zum Kochen bringen, zugedeckt 2 Minuten köcheln. Suppe mit saurer Sahne und Zitronensaft fein pürieren.

Nährwert pro Portion: 109 kcal, 4 g F, 3 g E, 15 g KH, 3 mg Chol

Kürbiscremesuppe mit Birne

Für 4 Portionen

- 1 EL Butter
- 1 kleine Zwiebel, fein gehackt
- 2 Knoblauchzehen, fein gehackt
- Muskat
- Piment
- 1/2 TL gemahlener Koriander
- 1/4 TL Zimt
- 400 g Muskat- oder Hokaido-Kürbis, große Würfel
- Salz
- 500 ml Gemüsebrühe (Gemüsesuppe)
- 1 kleine, saftige, säuerliche Birne, kleine Stücke
- 1 Stück Bio-Zitronenschale
- 1 TL frischer Ingwer, gehackt
- 150 g Joghurt (1 % Fett)
- 1 EL Zitronensaft
- Chili

Garnitur

- 1 kleine Birne, feine Schnitze

Butter in einem beschichteten Topf schmelzen. Zwiebeln darin weich dünsten. Knoblauch, Muskat, Piment, Koriander und Zimt dazugeben, kurz anrösten.

Kürbis dazugeben, leicht salzen, 3 Minuten andünsten, mit Gemüsebrühe aufgießen. Suppe zum Kochen bringen, Zitronenschale, Birnen und Ingwer dazugeben, zugedeckt ca. 10 Minuten köcheln.

Suppe mit 100 g Joghurt und dem Zitronensaft fein pürieren, mit Salz und Chili abschmecken. Die Suppe portionsweise anrichten, mit Birnenschnitzchen und einem Klacks Joghurt garnieren.

Nährwert pro Portion: 133 kcal, 4 g F, 4 g E, 21 g KH, 8 mg Chol

Currywürzige Blumenkohlsuppe

Für 4 Portionen

- 1 EL Öl
- 1 Zwiebel, fein gehackt
- 1–2 TL Currypulver
- 2 Knoblauchzehen, fein gehackt
- 800 ml Gemüsebrühe (Gemüsesuppe)
- 300 g Blumenkohl (Karfiol), Röschen
- 1 kleine Kartoffel, kleine Würfel
- 1 TL Bio-Zitronenschale, gehackt
- 1 TL frischer Ingwer, fein gehackt
- 2 EL saure Sahne (Sauerrahm)
- 1 EL Zitronensaft
- 2 EL gehackte Petersilie

In einem beschichteten Topf das Öl erhitzen, Zwiebeln darin bei milder Hitze weich dünsten. Currypulver und Knoblauch dazugeben, kurz unter Rühren anbraten und mit der Gemüsebrühe aufgießen,

Blumenkohl, Kartoffeln, Zitronenschale und Ingwer dazugeben. Suppe zugedeckt zum Kochen bringen, 10 Minuten köcheln. Suppe mit der sauren Sahne fein pürieren, mit Zitronensaft und Salz abschmecken, mit Petersilie bestreut servieren.

Nährwert pro Portion: 99 kcal, 4 g F, 4 g E, 11 g KH, 3 mg Chol

Kohlrabi-Frühlingszwiebel-Suppe mit Kerbel

Für 4 Portionen

- 800 ml Gemüsebrühe (Gemüsesuppe)
- 2 junge Kohlrabi (Kohlrüben), kleine Stücke
- 10 Frühlingszwiebeln, Ringe
- 1 Stück Bio-Zitronenschale
- Muskat
- 1 Bund Kerbel, fein geschnitten
- 2 EL saure Sahne (Sauerrahm) oder Sojacreme
- Salz, Pfeffer

Gemüsebrühe mit Kohlrabi, Frühlingszwiebeln, Zitronenschale und Muskat zum Kochen bringen und 8 Minuten zugedeckt köcheln. Die Kohlrabi sollen weich mit Biss sein und dürfen nicht zerfallen.

Mit dem Mixstab die Suppe mit saurer Sahne und Kerbel fein pürieren, mit Salz und Pfeffer abschmecken.

Nährwert pro Portion: 81 kcal, 3 g F, 3 g E, 10 g KH, 8 mg Chol

Warum kommt so oft Muskat in die Suppe?

Bei meinen Rezepten nicht nur in die Suppe, sondern auch in Gemüse-, Fisch-, Fleischgerichte, sogar in Süßspeisen und Kuchen. Muskat macht Speisen angenehm rund und geschmacklich vollständig, besonders wenn er in Kombination mit Ingwer und Zitronenschale verwendet wird. Muskat verleiht auch der einfachsten Speise ein angenehmes Aroma. Aber bitte immer mit der frisch geriebenen Muskatnuss würzen. Gemahlen verliert Muskat schnell den Geschmack und wird auch leicht bitter.

Aromatische Sellerie-Topinambur-Cremesuppe

Für 4–6 Portionen

- 1 EL Öl
- 1 EL Butter
- 1 Zwiebel, fein gehackt
- Muskat
- 250 g Topinambur, kleine Stücke
- 250 g Sellerie, kleine Stücke
- 1 l Gemüsebrühe (Gemüsesuppe)
- 1/2 TL Liebstöckel
- 1/2 TL Thymian
- 1 Lorbeerblatt
- 2 EL saure Sahne (Sauerrahm)
- Salz
- Pfeffer
- 2 EL Petersilie, fein gehackt

Öl und Butter in einem Topf erhitzen. Zwiebeln darin bei milder Hitze zuerst weich dünsten, dann goldgelb braten. Muskat dazugeben, kurz anrösten.

Topinambur und Sellerie dazugeben, unter Rühren 5 Minuten andünsten. Mit Gemüsebrühe aufgießen, mit Liebstöckel, Thymian und Lorbeerblatt würzen, zugedeckt ca. 15 Minuten köcheln.

Mit dem Mixstab die Suppe mit der sauren Sahne fein pürieren, mit Salz und Pfeffer abschmecken, mit Petersilie bestreuen.

Nährwert pro Portion (bei 6 Portionen): 59 kcal, 4 g F, 2 g E, 4 g KH, 6 g Chol

Weiße Bohnencremesuppe

Für 4–6 Portionen

- 200 g weiße Bohnen, 6 Stunden eingeweicht
- 1 Zwiebel, gehackt
- 3 Knoblauchzehen, gehackt
- 1 EL Öl
- 2 Lorbeerblätter
- 2–3 TL Instant-Gemüsebrühe (Gemüsesuppe)
- 1 kleine Karotte, dünne Scheiben
- 1 kleine Petersilienwurzel, kleine Würfel
- 1 TL Liebstöckel
- Muskat
- Piment
- 3 EL saure Sahne (Sauerrahm) oder Sojacreme
- Salz
- Pfeffer
- 3 EL Petersilie, fein gehackt

Bohnen abgießen, in einem Sieb abtropfen lassen, mit 1,2 l Wasser, Zwiebeln, Knoblauch, Öl und Lorbeerblättern zum Kochen bringen. Zugedeckt 1–1,5 Stunden sehr weich kochen (im Schnellkochtopf 30 Minuten).

Instant-Gemüsebrühe, Karotte, Petersilienwurze, Liebstöckel, Muskat und Piment dazugeben. Die Suppe 12 Minuten köcheln.

Mit dem Mixstab die Bohnensuppe mit der sauren Sahne glatt pürieren, mit Salz und Pfeffer abschmecken, mit Petersilie bestreuen.

Nährwert pro Portion: 126 kcal, 3 g F, 8 g E, 16 g KH, 2 mg Chol

Pflanzliche Alternative zur sauren Sahne

Suppen und Soßen mit Sojacreme verfeinern und angenehm sämig binden. Sojacreme flockt beim Erhitzen nicht aus, enthält kein Cholesterin und ist auch frei von Transfettsäuren.

Chinesische Reiscremesuppe

Für 4 Portionen

- 1,2 l schwach gesalzene Gemüsebrühe (Gemüsesuppe)
- 60 g Naturreis
- 1 TL frischer Ingwer, fein gehackt
- 1 Karotte, grob gerieben
- 100 g Sellerie, grob gerieben
- 2 TL Sojasoße
- 2 Frühlingszwiebeln, feine Ringe
- 2 EL frischer Koriander oder Petersilie, fein gehackt

Gemüsebrühe mit Reis und Ingwer zum Kochen bringen und mindestens 1 Stunde köcheln.

Der Reis soll zerfallen und die Suppe leicht cremig binden.

Ingwer, Karotte und Sellerie dazugeben, mit Sojasoße würzen. Suppe 5 Minuten köcheln. Mit Frühlingszwiebeln und Koriander bestreuen.

Nährwert pro Portion: 72 kcal, 1 g F, 3 g E, 14 g KH, 0 mg Chol

Prima Resteverwertung

Diese milde und magenberuhigende Suppe auch mit 200 g gekochtem Reis zubereiten. Dann beträgt die Garzeit nur 20 Minuten.

Misosuppe basic

Für 4 Portionen

- 1 l schwach gesalzene Gemüsebrühe (Gemüsesuppe)
- 150 g Tofu, kleine Würfel
- 1 Karotte, dünne Stifte
- 4–5 EL Miso (Gersten- oder Reismiso)
- 2 Frühlingszwiebeln, feine Ringe

Gemüsebrühe zum Kochen bringen. Tofu und Karotte dazugeben und zugedeckt 3 Minuten köcheln.

Miso mit 3 EL Wasser glatt rühren, in die Suppe rühren. Misosuppe mit Frühlingszwiebeln bestreuen.

Nährwert pro Portion: 60 kcal, 3 g F, 6 g E, 3 g KH, 0 mg Chol

Miso

Die würzige Paste aus natürlich fermentierten Sojabohnen und Getreide ist die wohl erste Instant-Suppe der Welt. Vitalstoffreich und praktisch fettfrei, ist sie die ideale Basis für die schnelle, schlanke Suppenküche.

Klassisch mit Meeresgemüse

Pro Person ca. 5 g Wakame-Alge 20 Minuten in kaltem Wasser einweichen, die harte Mittelrippe entfernen, in Stücke schneiden und in die fertige Suppe rühren. Oder die Suppe mit gerösteter Nori-Alge bestreuen. Dafür ein Blatt Nori-Alge in einer trockenen Pfanne kurz anrösten und in kleine Stückchen brechen.

Jeden Tag ein neues, leichtes Rezept

Misosuppe auch mit Kohlrabi, Kartoffeln und Lauch zubereiten; auch Fisch- oder Hähnchenstücke in der Gemüsebrühe köcheln und dann das Miso unterrühren.

Herzhafte Misosuppe mit Tofu

Für 4 Portionen

- 4 getrocknete Shitake-Pilze
- 1 EL Öl
- 1 große Zwiebel, dünne Ringe
- 1 l schwach gesalzene Gemüsebrühe (Gemüsesuppe)
- 1 TL frischer Ingwer, fein gehackt
- 2 EL Medium Sherry
- 200 g weißer Rettich, feine Streifen
- 1 Karotte, dünne Scheiben
- 150 g Tofu, kleine Würfel
- 4–5 EL Gersten- oder Reismiso
- 1 TL Bio-Zitronenschale, fein gehackt
- 2 Frühlingszwiebeln, feine Ringe
- 2 TL gerösteter Sesam, grob zerstoßen

Pilze 30 Minuten in warmem Wasser einweichen, abgießen, abtropfen lassen, in Stücke schneiden.

Öl in einem beschichteten oder gusseisernen Topf erhitzen. Zwiebeln darin zuerst bei milder Hitze weich dünsten, dann unter Rühren goldgelb braten.

Mit Brühe aufgießen, mit Ingwer und Sherry würzen, aufkochen. Rettich, Karotte, Tofu und Pilze dazugeben. Die Suppe 10 Minuten zugedeckt köcheln.

Miso mit 3 EL Wasser glatt rühren, in die Suppe mischen und 3 Minuten köcheln. Suppe vom Herd nehmen, Zitronenschale, Frühlingszwiebeln und Sesam untermischen.

Nährwert pro Portion: 119 kcal, 6 g F, 7 g E, 8 g KH, 0 mg Chol

Minuten-Wok-Suppe
mit Spargel, Pilzen und Sprossen

Für 4 Portionen

- 1,2 l schwach gesalzene Gemüsebrühe (Gemüsesuppe)
- 1–2 EL Sojasoße
- 3 EL Medium Sherry
- 2 TL frischer Ingwer, fein gehackt
- 2 EL Öl
- 1 kleine Karotte, feine Stifte
- 1 Knoblauchzehe, fein gehackt
- 200 g grüner Spargel, längs halbiert, Stücke
- 200 g Champignons (oder Shitake-Pilze), dünne Scheiben
- Salz
- 50 g Mungosprossen („Sojasprossen“)
- 2 Frühlingszwiebeln, feine Ringe
- 2 EL Petersilie oder frischer Koriander, fein gehackt
- Chili

In einem Topf die Gemüsebrühe mit Sojasoße, Sherry und Ingwer zum Kochen bringen. Suppe köcheln lassen, während die restlichen Zutaten im Wok gebraten werden.

Im Wok 1 EL Öl erhitzen. Karotte und Knoblauch darin kurz unter Rühren braten. Spargel dazugeben, kurz unter Rühren braten. Gemüse in den Suppentopf geben, leicht köcheln.

1 EL Öl im Wok erhitzen, Champignons darin bei guter Hitze 2 Minuten unter Rühren braten, leicht salzen, in die leicht köchelnde Suppe geben. Sprossen im Wok einen Moment unter Rühren braten, in die Suppe geben.

Suppe vom Herd nehmen, Frühlingszwiebeln und Petersilie untermischen, mit Salz, Sojasoße, Chili und Sherry abschmecken.

Nährwert pro Portion: 88 kcal, 5 g F, 4 g E, 4 g KH, 0 mg Chol

So wird die Suppe schnell zum leichten Hauptgericht:

Mit gebratenem Tofu

250 g Tofu in Würfel schneiden. Im Wok 1 EL Öl erhitzen, den Tofu darin anbraten, mit 1 EL Sojasoße ablöschen, unter Rühren braten, bis die Flüssigkeit verdampft ist. Tofu in die fertige Suppe mischen, kurz köcheln. Ganz nach Appetit und Vorratslage auch gekochten Reis untermischen.

Mit Hähnchenbrust und Nudeln

250 g Hähnchenbrust in Streifen schneiden, im Wok in 1 EL Öl unter Rühren braten, mit 2 TL Sojasoße ablöschen. Braten, bis das Fleisch gar ist. Hähnchenfleisch und gekochte Suppennudeln in die Suppe mischen, einen Moment erhitzen.

Mit Fischfilet und Reis

300 g Fischfilet in kleine Stücke schneiden, mit den Champignons in die Suppe geben und gar ziehen lassen. Zum Schluss 200 g gekochten Reis untermischen.

Italienische Krautsuppe mit Nudeln

Für 4–6 Portionen

- 1 EL Olivenöl
- 1 große Zwiebel, fein gehackt
- 2 Knoblauchzehen, fein gehackt
- Muskat
- 1 1/2 l Gemüsebrühe
- 1 TL Basilikum
- 1 TL Thymian
- 1 TL Oregano
- 2 Lorbeerblätter
- 1 Karotte, dünne Scheiben
- 100 Lauch, feine Streifen
- 250 g Weißkraut, feine Streifen
- 2 Tomaten, abgezogen, Stücke oder geschälte Dosentomaten
- 100 g Hörnchennudeln (Hartweizengrieß)
- 1/2 Bund Basilikum, fein geschnitten
- 2 EL Parmesan, fein gerieben

Olivenöl in einem beschichteten oder gusseisernen Topf erhitzen. Zwiebeln darin bei milder Hitze zuerst glasig dünsten, dann unter Rühren goldgelb braten. Knoblauch und Muskat dazugeben, kurz unter Rühren anrösten.

Mit Gemüsebrühe aufgießen, mit Basilikum, Thymian, Oregano und Lorbeer würzen. Suppe zugedeckt 5 Minuten köcheln. Karotte, Lauch, Kraut und Tomaten dazugeben. Suppe zugedeckt 15 Minuten köcheln.

In dieser Zeit die Nudeln in reichlich Salzwasser bissfest kochen, abgießen, abtropfen lassen. Nudeln und Basilikum in die fertige Suppe mischen. Parmesan dazureichen.

Pro Portion (bei 6 Portionen):
143 kcal, 5 g F, 5 g E, 18 g KH, 3 mg Chol

Schon wieder Brot übrig!

Dann statt Nudeln, ganz wie im Süden üblich, pro Portion 1 Scheibe Brot knusprig rösten, in den Suppenteller geben, Suppe darauf gießen.

Große Portionen Suppe als Hauptgericht

Vitaminreiche Gemüsesuppen sind ideal für die schlanke Linie. Sie machen zufrieden satt, ihr Kalorien- und Fettgehalt ist äußerst gering, aber ihr Vitamin- und Mineralstoffgehalt sehr hoch. Bei meinen Rezeptangaben gilt darum: 4 Portionen sind eine Hauptmahlzeit, 6 Portionen eine ordentliche Vorspeise.

Alles im grünen Bereich – Fünf-Gemüse-Suppe

Für 4–6 Portionen

- 1 EL Öl
- 1 Zwiebel, fein gehackt
- 1 Bund Petersilie, fein gehackt
- 1,2 l Gemüsebrühe (Gemüsesuppe)
- Muskat
- 1 Lorbeerblatt
- 50 g Petersilienwurzel, kleine Würfel
- 200 g grüne Bohnen (Fisolen), Stücke
- 200 g Kohlrabi, feine Stifte
- 200 g Brokkoli, kleine Röschen
- 200 g Lauch, feine Streifen
- 200 g Zucchini, dünne Scheiben
- 1 kleiner Bund Basilikum, fein geschnitten
- Salz
- Pfeffer

Öl in einem Topf erhitzen. Zwiebeln darin weich dünsten. Petersilie unterrühren, kurz andünsten. Mit Gemüsebrühe aufgießen, mit Muskat und Lorbeer würzen.

Suppe zum Kochen bringen. Petersilienwurzel und grüne Bohnen dazugeben, 5 Minuten köcheln. Kohlrabi, Brokkoli und Lauch dazugeben. 5 Minuten köcheln. Zucchini untermischen, 2 Minuten köcheln. Suppe mit Salz und Pfeffer abschmecken. Basilikum untermischen.

Nährwert pro Portion (bei 6 Portionen):
68 kcal, 2 g F, 5 g E, 7 g KH, 0 mg Chol

Nacheinander in den Topf

Harte Gemüse zuerst, weiche zum Schluss, so haben am Ende der Kochzeit sowohl grüne Bohnen als auch Zucchini den perfekten Garpunkt.

Pistou – provencalischer Gemüsetopf

Für 4–6 Portionen

- 4 Tomaten, halbiert
- 1/2 TL Oregano
- 1/2 TL Thymian
- 2 Knoblauchzehen
- 1 TL Olivenöl
- 1 Vollkorntoast, fein zerbröselt
- 2 EL Parmesan, fein gerieben
- Salz
- Pfeffer
- 1 Rezept Fünf-Gemüsesuppe (siehe oben)

Backofen auf 200 °C vorheizen. Tomaten nebeneinander auf ein Backblech setzen. Mit Oregano und Thymian bestreuen. Knoblauch mit Olivenöl bestreichen, auf das Backblech geben. Tomaten und Knoblauch im Ofen 20 Minuten braten.

Tomaten abziehen. Mit dem Mixstab Tomaten, Knoblauch, Brot und Parmesan fein pürieren. Pistou mit Salz und Pfeffer abschmecken.

Pistou in eine große Suppenschüssel geben. Zuerst 2 Schöpfer kochend heiße Fünf-Gemüse-Suppe mit dem Pistou vermischen, dann die gesamte Suppe unterrühren.

Nährwert Pro Portion (bei 6 Portionen):
129 kcal, 5 g F, 7 g E, 13 g KH, 3 mg Chol

Italienischer Fischtopf mit Fenchel und Tomaten

Für 4-6 Portionen

- 2 EL Olivenöl
- 2 Zwiebeln, fein gehackt
- 4 Knoblauchzehen, fein gehackt
- 1/2 Fenchelknolle, sehr kleine Würfel
- 1/2 Karotte, sehr kleine Würfel
- Salz
- 1 kleine Dose geschälte Tomaten, abgetropft, Stücke
- 1/2 TL Thymian
- 1/2 TL Basilikum
- 1 1/2 l Gemüsebrühe (Gemüsesuppe)
- 1/2 Bund Petersilie, zusammengebunden
- 2 Lorbeerblätter
- 300 g festkochende Kartoffeln, dünne Scheiben
- 500 g Fischfilet (Kabeljau, Heilbutt, Seeteufel), Stücke
- Pfeffer

In einem beschichteten Topf das Olivenöl erhitzen. Zwiebeln darin zuerst bei milder Hitze weich dünsten, dann unter Rühren goldgelb braten. Knoblauch, Fenchel und Karotte dazugeben, salzen, unter Rühren anbraten. Tomaten, Thymian und Basilikum untermischen. Alles für ca. 6 Minuten etwas einkochen.

Mit der Gemüsebrühe aufgießen. Petersiliensträußchen, Lorbeerblätter und Kartoffeln dazugeben. Suppe zugedeckt ca. 12 Minuten köcheln, bis die Kartoffeln gar sind.

Fischfilets dazugeben und ein paar Minuten gar ziehen lassen.

Nährwert pro Portion (bei 6 Portionen):
161 kcal, 4 g F, 17 g E, 13 g KH, 42 mg Chol

Vielfalt steigert Geschmack

Besonders gut wird diese sättigende Suppe, die auch als Hauptgericht schmeckt, mit verschiedenen Fischen, z.B. festkochendem Fisch wie Kabeljau oder Seeteufel und dazu feiner Heilbutt. Seine speziellen Eiweißstoffe geben der Suppe eine leichte Bindung. Ganz nach Appetit kommen auch Garnelen oder Muscheln in den Topf.

Der wunderbare Hühner-Nudel-Gemüse-Topf

Für 6–8 Portionen

Suppe

- 1 große Zwiebel, dicke Scheiben
- 2 Hähnchenbrüste, mit Knochen
- 2 Hähnchenkeulen, mit Knochen
- 1 1/2 l Gemüsebrühe (Gemüsesuppe)
- 2 Suppengrün
- 8 Knoblauchzehen, geschält
- 10 g Ingwer, Scheiben
- 1 großes Stück Bio-Zitronenschale
- Muskat

Suppeneinlage

- 300 g Selleriewurzel, kleine Stücke
- 150 g Suppennudeln
- Salz
- 2 Karotten, dünne Scheiben
- 200 g Lauch, feine Streifen
- 2 Tomaten, abgezogen, Stücke
- 3 EL Petersilie, fein gehackt
- 2 Zweigchen Minze, fein gehackt
- Pfeffer

Zwiebelscheiben nebeneinander auf den Boden eines beschichteten oder gusseisernen Topfs legen und auf beiden Seiten bräunen. Mit Gemüsebrühe aufgießen, Hähnchenbrüste und Hähnchenkeulen dazugeben. Suppe aufkochen, den aufsteigenden Schaum abschöpfen.

Suppengrün, Knoblauch, Ingwer, Zitronenschale und eine gute Prise Muskat dazugeben. Suppe zugedeckt 50–60 Minuten bei sehr geringer Hitze köcheln.

Suppe durch ein Sieb abgießen, Gemüse dabei leicht ausdrücken. Hühnerfleisch von den Knochen lösen, in kleine Stücke schneiden. Hühnerbrühe möglichst gut entfetten. (Gelingt am besten mit einem Fett-Trenn-Kännchen.)

Mit dem Entsafter die Selleriewurzel zu Saft verarbeiten (Sie brauchen 150–250 ml Saft). Nudeln bissfest kochen.

Hühnerbrühe zum Kochen bringen. Karotten, Lauch und Tomaten dazugeben, zugedeckt ca. 8 Minuten köcheln. Hühnerfleisch und Selleriesaft untermischen, kurz erhitzen. Nudeln, Petersilie und Minze untermischen. Suppe mit Muskat, Salz und Pfeffer abschmecken.

Nährwert pro Portion (bei 8 Portionen):
214 kcal, 5 g F, 24 g E, 17 g KH, 82 mg Chol

Der besondere Pfiff

Die geniale Idee, auch Suppen mit frisch gepresstem Selleriesaft zu aromatisieren, habe ich bei Rainer Melchiar kennengelernt. Unter der Bezeichnung „Succowell“ hat er dieses System perfektioniert und kocht damit die köstlichsten Speisen im Nibelungenhof/ Traismauer. (www.nibelungenhof.at)

Kein Entsafter zu Hause?

Dann einfach etwas mehr Gemüsebrühe verwenden und 100 g Selleriestückchen mitkochen.

Griechischer Rindfleisch-Topf mit grünen Bohnen

Für 4-6 Portionen Hauptgericht oder 8 Portionen Vorspeise

Suppe

- 1 große Zwiebel, sehr dicke Ringe
- 1 Knoblauchknolle, quer halbiert
- 2 l Gemüsebrühe (Gemüsesuppe)
- 500 g mageres Rindfleisch
- 3 Suppenknochen
- 2 Bund Suppengrün, Stücke
- 1/2 Bund Petersilie
- 3 Pimentkörner
- 2 Lorbeerblätter
- Muskat

Suppeneinlage

- 1 Karotte, dünne Scheiben
- 100 g Sellerie, feine Streifen
- 200 g Lauch, dünne Streifen
- 300 g festkochende Kartoffeln, kleine Stücke
- 200 g grüne Bohnen (Fisolen), Stücke
- 2 Zweigchen Minze
- 200 g geschälte Tomaten aus der Dose, kleine Stücke
- Salz
- Pfeffer
- 2 EL Petersilie, fein gehackt

Für die Suppenbasis einen beschichteten oder gusseisernen Topf erhitzen. Zwiebelringe und Knoblauchhälften auf den Topfboden legen und anrösten, bis sich die Schnittflächen braun färben.

Mit Gemüsebrühe aufgießen, Rindfleisch und Suppenknochen dazugeben. Suppe zum Kochen bringen, den aufsteigenden Schaum abschöpfen.

Suppengrün und Petersilie dazugeben, mit Piment, Lorbeer und Muskat würzen. Die Suppe zugedeckt 1,5-2 Stunden bei sehr milder Hitze simmern, bis das Fleisch weich ist. Fleisch und Knochen aus der Suppe nehmen. Brühe durch ein großes Sieb gießen, Gemüse im Sieb abtropfen lassen.

Brühe zum Kochen bringen. Karotte, Sellerie, Lauch, Kartoffeln, Bohnen und Minze dazugeben, mit Salz und Pfeffer würzen. Ca. 12 Minuten köcheln, bis Gemüse und Kartoffeln weich mit Biss sind. Tomaten untermischen. Den Eintopf noch 5 Minuten köcheln.

Fleisch in kleine Stücke schneiden, mit dem Eintopf vermischen und kurz erhitzen. Eintopf mit Salz und Pfeffer abschmecken, mit Petersilie bestreut servieren.

Nährwert pro Portion (bei 4 Portionen):
294 kcal, 11 g F, 29 g E, 18 g KH, 75 mg Chol

Wenig Arbeit, längeres Köcheln

Dieser Suppentopf ist ein prima Rezept fürs Wochenende. Während die Suppe friedlich vor sich hinsimmert, machen Sie es sich gemütlich. Ein unkompliziertes Rezept, auch zur Bewirtung einer größeren Gästezahl geeignet. Sehr praktisch, dieser Suppentopf kann auch aufgewärmt werden.

Borschtsch mit Rindfleisch

Für 4-6 Portionen Hauptgericht oder 8 Portionen Vorspeise

- 1 EL Öl
- 1 Zwiebel, fein gehackt
- 3 Knoblauchzehen, fein gehackt
- Muskat
- 1,5 l Gemüsebrühe (Gemüsesuppe)
- 1 Lorbeerblatt
- 1 TL Liebstöckel
- 1/2 TL edelsüßes Paprikapulver
- 1 großes Stück-Bio-Zitronenschale
- 400 g mageres Rindfleisch, kleine Würfel
- 200 g Rote Rüben (Rote Bete), kleine Würfel
- 200 g Kartoffeln, kleine Stücke
- 100 g Sellerie, kleine Stücke
- 200 g Karotten, kleine Stücke
- 50 g Petersilienwurzel, feine Stifte
- Salz
- Pfeffer
- 1 EL Zitronensaft
- 100 g Joghurt
- 50 g saure Sahne (Sauerrahm)
- 2 EL Dill, fein gehackt

Öl in einem beschichteten oder gusseisernen Topf erhitzen. Zwiebeln darin bei milder Hitze weich dünsten. Knoblauch und Muskat dazugeben, kurz unter Rühren anrösten. Mit der Gemüsebrühe aufgießen.

Suppe aufkochen, mit Lorbeerblatt, Liebstöckel, Paprikapulver und Zitronenschale würzen. Rindfleisch dazugeben und zugedeckt ca. 30 Minuten weich köcheln.

Rote Rüben, Kartoffeln, Sellerie, Karotten und Petersilienwurzel dazugeben. Borschtsch zugedeckt 15 Minuten köcheln. Das Gemüse soll weich sein, aber noch einen leichten Biss haben. Borschtsch mit Salz, Pfeffer und Zitronensaft abschmecken.

Joghurt, saure Sahne und Dill verrühren, zum Borschtsch reichen.

Nährwert pro Portion (bei 6 Portionen):
195 kcal, 8 g F, 17 g E, 14 g KH, 46 mg Chol

Vorräte anlegen, fördert die schlanke Linie

Diese Suppentöpfe eignen sich auch zum Einfrieren. Dann haben Sie jederzeit eine schlanke Hauptmahlzeit parat.

Linsensuppe
mit Grill-Tomaten und Röst-Knoblauch

Für 4 Portionen

- 4 Tomaten, halbiert
- 1 große Knoblauchknolle, quer halbiert
- 2 EL Olivenöl
- 700 ml Wasser
- 200 g Linsen
- 1 große Zwiebel, fein gehackt
- 2 Lorbeerblätter
- 4 Zweigchen Thymian
- 3 Zweigchen Oregano
- Muskat
- 1 Kartoffel, kleine Würfel
- 1 Karotte, kleine Würfel
- 100 g Sellerie, kleine Würfel
- 2–3 TL Instant-Gemüsebrühe (Gemüsesuppe)
- Salz
- Chili

Backofen auf 200 °C vorheizen. Tomaten und Knoblauch mit der Schnittfläche nach oben nebeneinander auf ein Backblech setzen. Knoblauch mit 1 TL Olivenöl bestreichen. Tomaten und Knoblauch im vorgeheizten Ofen 20 Minuten braten.

Tomatenhälften abziehen. Knoblauch aus den Schalen drücken. Tomaten und Knoblauch mit dem Mixstab fein pürieren.

Wasser mit Linsen, Zwiebeln, restlichem Olivenöl, Lorbeer, Thymian, Oregano und Muskat zum Kochen bringen. Linsen ca. 18 Minuten bissfest kochen.

Kartoffeln, Karotte, Sellerie dazugeben. Die Suppe mit Instant-Gemüsebrühe würzen und ca. 10 Minuten köcheln, bis die Kartoffeln und das Gemüse weich sind.

Tomaten-Knoblauch-Püree mit der Linsensuppe vermischen. Suppe nochmals kurz erhitzen, mit Salz und Chili abschmecken.

Nährwert pro Portion: 291 kcal, 6 g F, 16 g E, 41 g KH, 0 mg Chol

Indische Linsensuppe mit Hühnerfleisch und Spinat

Für 4 Portionen

- 1 EL Öl
- 1 Zwiebel, fein gehackt
- 2 Knoblauchzehen, fein gehackt
- Muskat
- 1 TL Currypulver
- 1 l Wasser
- 200 g rote Linsen
- 2–3 TL Instant-Gemüsebrühe (Gemüsesuppe)
- 1 Stück Bio-Zitronenschale
- 2 TL frischer Ingwer, fein gehackt
- 250 g Hähnchenbrust, dünne Streifen
- 150 g Spinat
- Salz
- Chili
- 1/2–1 EL Zitronensaft
- 2 Zweigchen Minze, fein gehackt
- 2 EL frischer Koriander oder Petersilie, fein gehackt
- 2 Frühlingszwiebeln, feine Ringe
- 100 g Joghurt (1 % Fett)

Öl in einem Topf erhitzen. Zwiebeln darin zuerst glasig dünsten, dann goldgelb braten. Knoblauch, Muskat und Curry dazugeben, unter Rühren kurz anrösten. Wasser und Linsen dazugeben. Suppe zum Kochen bringen und ca. 18 Minuten köcheln, bis die Linsen weich sind und zerfallen.

Suppe mit Gemüsebrühe, Zitronenschale und Ingwer würzen. Hähnchenfleisch untermischen. Zugedeckt ca. 4 Minuten köcheln, bis das Hähnchenfleisch gar ist.

Den tropfnassen Spinat mit wenig Salz in einen großen Topf geben, zugedeckt bei guter Hitze 2 Minuten zusammenfallen und in einem Sieb abtropfen lassen. Spinat in mundgerechte Stücke schneiden. (Tiefgekühlten Spinat antauen und in Stücke schneiden.)

Spinat unter die Linsensuppe mischen, nur einen Moment erhitzen. Suppe mit Salz, Chili und Zitronensaft abschmecken. Minze, Koriander und Frühlingszwiebeln untermischen. Suppe portionsweise mit einem Klacks Joghurt anrichten.

Nährwert pro Portion: 285 kcal, 4 g F, 30 g E, 30 g KH, 43 mg Chol

Chili con Carne

Für 4 Portionen

- 2 EL Olivenöl
- 1 Zwiebel, fein gehackt
- 3 Knoblauchzehen, fein gehackt
- 250 mageres Rinderhack (Rindsfaschiertes)
- Salz
- 2 EL Sojasoße
- 1 TL edelsüßes Paprikapulver
- 1 TL Oregano
- 1 TL gemahlener Koriander
- 1/2 TL gemahlener Cumin (Kreuzkümmel)
- 1 Chilischote
- 1 kleine Dose gewürfelte Tomaten
- 600 ml Gemüsebrühe (Gemüsesuppe)
- 1 große Dose Kidney-Bohnen, abgetropft
- Salz

Öl in einem beschichteten Topf erhitzen. Zwiebeln darin zuerst weich dünsten, dann unter Rühren goldgelb braten.

Knoblauch und Rinderhack untermischen, leicht salzen, kurz unter Rühren braten. Sojasoße, Paprikapulver, Oregano, Koriander, Cumin und Chili dazugeben, kurz unter Rühren braten.

Die Tomaten untermischen und alles ca. 8 Minuten köcheln. Gemüsebrühe unterrühren, zum Kochen bringen und 6 Minuten leicht köcheln.

Bohnen dazugeben und alles gut vermischen. Chili con Carne noch 6 Minuten köcheln, bei Bedarf noch etwas Gemüsebrühe unterrühren. Mit Salz und Chili abschmecken.

Nährwert pro Portion: 234 kcal, 9 g F, 21 g E, 16 g KH, 38 mg Chol

Vor Ihren Augen durchgedreht – hält schlank

Kaufen Sie kein abgepacktes Hackfleisch (Faschiertes) im Supermarkt. Wählen Sie ein mageres Stück Fleisch aus und lassen Sie dieses vor Ihren Augen frisch durch den Wolf drehen. Nur so sind Sie sicher, dass sich kein ungewolltes Fett in den Topf schleicht – und selbstverständlich ist das Hackfleisch dann auch topfrisch.

Vegetarisch

Aus dem Dampf – Karotten mit Orangensoße

Für 2 Portionen

Soße

- 200 ml Gemüsebrühe (Gemüsesuppe)
- Muskat
- 1 Prise Zimt
- 1 TL Bio-Orangenschale, fein gehackt
- Saft von 1 kleinen Orange
- 1 gestrichener TL Speisestärke
- 3 EL saure Sahne (Sauerrahm)
- Salz
- Pfeffer

Gemüse

- 400 g Karotten, 3 mm dünne Scheiben
- 1 EL Petersilie, fein gehackt

Für die Soße die Gemüsebrühe mit Muskat, Zimt und Orangenschale zum Kochen bringen.

Orangensaft und Speisestärke gut verrühren. Saure Sahne dazugeben, alles glatt rühren. Diese Mischung mit dem Schneebesen unter die Gemüsebrühe rühren. Kurz unter Rühren köcheln, bis die Soße bindet. Soße mit Salz und Pfeffer abschmecken.

In einem Kochtopf ca. 2 cm hoch Wasser zum Kochen bringen. Karotten in einen gelochten Dämpfeinsatz geben und diesen in den Kochtopf stellen (das Wasser darf das Gemüse nicht erreichen). Karotten zugedeckt ca. 6 Minuten dämpfen (oder 3–6 Minuten im Dampfgarer dämpfen). Die Karotten sollen noch leichten Biss haben, dabei strahlend orange sein.

Karotten mit der Orangensoße vermischen, mit Petersilie bestreuen.

Nährwert pro Portion: 107 kcal, 4 g F, 3 g E, 15 g KH, 10 mg Chol

Garzeit im Dampfgarer

Die in den Rezepten angegebene Garzeit bezieht sich auf die einfachste Ausstattung „Kochtopf mit gut schließendem Deckel und gelochtem Dämpfeinsatz“. Wenn Sie einen automatischen Dampfgarer verwenden, muss auch die Zeit berücksichtigt werden, die das Gerät braucht, um die gewünschte Gartemperatur zu erreichen. Diese ist von Gerät zu Gerät unterschiedlich. Das Gemüse muss allerdings von Beginn an in den Dampfgarer, sonst entschwindet bei späterem Öffnen der heiße Dampf. Die tatsächliche Garzeit für klein geschnittenes Gemüse beträgt nach dem Aufheizen nur ca. 3–6 Minuten. Manche Dampfgarer haben eine sehr kurze Aufwärmzeit.

Dazu schmeckt Gewürz-Pilaw

Für 2 Portionen 1/2 gehackte Zwiebel in 1 TL Öl andünsten, 120 g Langkorn-Naturreis, Muskat, 1 Prise Kardamom und 1/2 TL gemahlenen Koriander untermischen, kurz anbraten. Mit 300 ml Gemüsebrühe aufgießen. Pilaw zum Kochen bringen, zugedeckt ca. 40 Minuten köcheln, 2 TL Rosinen untermischen, vom Herd nehmen und 5–10 Minuten nachquellen lassen.

Nährwert pro Portion:
264 kcal, 4 g F, 5 g E, 51 g KH, 0 mg Chol

Strahlend grün – Brokkoli mit Steinpilzsoße

Für 2 Portionen

Soße

- 15 g getrocknete Steinpilze
- 250 ml heißes Wasser
- 1/2–1 TL Instant-Gemüsebrühe (Gemüsesuppe)
- 50 g mehlige Kartoffeln, kleine Würfel
- 2 Frühlingszwiebeln, feine Ringe
- 1/2 TL Liebstöckel
- 2 EL saure Sahne (Sauerrahm)
- Salz
- Pfeffer

Gemüse

- 400 g Brokkoli, kleine Röschen

Steinpilze mit dem heißen Wasser übergießen, 20 Minuten quellen lassen, abgießen, Einweichwasser auffangen, durch ein feines Sieb gießen. Steinpilze fein hacken.

Einweichwasser mit Instant-Gemüsebrühe, Steinpilzen, Kartoffeln, Frühlingszwiebeln und Liebstöckel zum Kochen bringen. Alles zugedeckt ca. 10 Minuten köcheln, bis die Kartoffeln weich sind. Soße und saure Sahne mit dem Mixstab fein pürieren, mit Salz und Pfeffer abschmecken. Wenn die Soße zu dickflüssig ist, noch ein wenig Gemüsebrühe untermischen.

In einem Kochtopf ca. 2 cm hoch Wasser zum Kochen bringen. Brokkoli in einen gelochten Dämpfeinsatz geben. Diesen in den Kochtopf stellen (das Wasser darf das Gemüse nicht erreichen). Brokkoli zugedeckt ca. 6 Minuten dämpfen (oder 3–5 Minuten im Dampfgarer). Der Brokkoli soll noch einen leichten Biss haben und dabei leuchtend grün sein.

Brokkoli mit der Steinpilzsoße anrichten.

Nährwert pro Portion: 114 kcal, 3 g F, 10 g E, 12 g KH, 7 mg Chol

Kohlrabi mit Mandelsoße

Für 2 Portionen

Soße

- 150 ml Gemüsebrühe (Gemüsesuppe)
- Muskat
- 1/2 TL Bio-Zitronenschale, fein gehackt
- 1 gestrichener EL Mandelmus
- 2 EL Sojacreme
- 1 TL Zitronensaft
- Salz
- Pfeffer
- 1 TL frische Minze, gehackt

Gemüse

- 500 g Kohlrabi (Kohlrüben), 3 mm dünne Scheibchen

Gemüsebrühe mit Muskat und Zitronenschale zum Kochen bringen. Mandelmus und Sojacreme mit einem kleinen Schneebesen einrühren. Soße unter Rühren 3 Minuten köcheln, mit Zitronensaft würzen, mit Salz und Pfeffer abschmecken.

Während die Soße köchelt, die Kohlrabi zugedeckt in einem Siebeinsatz über Wasserdampf in 4 Minuten weich, aber mit Biss garen (oder 2–5 Minuten im Dampfgarer dämpfen).

Kohlrabi mit der Mandelsoße und Minze vermischen.

Nährwert pro Portion: 126 kcal, 6 g F, 7 g E, 10 g KH, 0 mg Chol

Gedämpfte Bohnen mit currywürziger Tomatensoße

Für 2 Portionen

Soße

- 1/2 EL Öl
- 1/2 TL Currypulver
- 1 Knoblauchzehe, fein gehackt
- 1 TL frischer Ingwer, fein gehackt
- 100 ml Gemüsebrühe (Gemüsesuppe)
- 100 ml passierte Tomaten (Tetra-Pak)
- Salz
- Chili

Gemüse

- 300 g grüne Bohnen (Fisolen), auch tiefgekühlt

Öl in einem beschichteten Topf erhitzen. Currypulver, Knoblauch und Ingwer darin kurz anrösten. Mit Gemüsebrühe und passierten Tomaten aufgießen. Soße zugedeckt 7 Minuten köcheln.

Während die Soße köchelt, die Bohnen zugedeckt über Wasserdampf in 7 Minuten bissfest garen oder 5-7 Minuten im Dampfgarer dämpfen. (Tiefgekühlte Bohnen sind etwas schneller fertig.)

Grüne Bohnen mit der Soße vermischen, mit Salz und Chili abschmecken.

Nährwert pro Portion: 102 kcal, 3 g F, 7 g E, 13 g KH, 0 mg Chol

Würzig gebraten – Tofu zum Drüberstreuen

Für 2 Portionen

- 150 g fester Tofu
- 1/2 EL Öl
- 1/2 Zwiebel, fein gehackt
- 2 Knoblauchzehen, fein gehackt
- 50 g Karotten, sehr kleine Würfel
- 1/4 TL gemahlener Koriander
- Muskat
- 1 TL frischer Ingwer, fein gehackt
- 1 EL Sojasoße

Tofu kalt abspülen, trockentupfen und mit der Gabel fein zerbröseln.

Das Öl in einer beschichteten oder gusseisernen Pfanne erhitzen. Zwiebeln darin zuerst bei milder Hitze weich dünsten, dann unter Rühren goldgelb braten.

Knoblauch und Karotten dazugeben, leicht salzen, kurz unter Rühren anbraten. Koriander und Muskat untermischen, kurz anrösten.

Tofu und Ingwer dazugeben, leicht salzen. Unter Rühren braten, bis der Tofu ganz trocken ist. Sojasoße untermischen. Unter Rühren braten, bis die Flüssigkeit verdampft und der Tofu wieder trocken und bröselig ist. Tofu über die gedämpften Bohnen mit currywürziger Tomatensoße (siehe oben) streuen.

Nährwert pro Portion: 110 kcal, 6 g F, 8 g E, 5 g KH, 0 mg Chol

Nahrhaft und leicht – schlau kombinieren

Wer es scharf will, mischt in die Sojasoße 1–2 TL grüne Curry-Paste (S. 95). Essen Sie zu Bohnen und Tofu eine gute Portion Couscous oder Naturreis, damit Sie die Bodenhaftung nicht verlieren.

Thai-Kokos-Curry mit Karotten, Brokkoli, Zucchini und Pilzen

Für 4 Portionen

- 150 ml ungesüßte Kokosmilch (Tetra-Pak)
- 250 ml Wasser
- 1–2 TL Instant-Gemüsebrühe (Gemüsesuppe)
- 1/2 Zwiebel, fein gehackt
- 100 g Sellerie, kleine Würfel
- 2 Knoblauchzehen, fein gehackt
- 2 TL frischer Ingwer, fein gehackt
- 1 Stück Bio-Zitronenschale
- 1–2 TL Currypulver oder grüne Curry-Paste
- 100 g Karotten, sehr dünne Scheiben
- 250 g Brokkoli, kleine Röschen
- 200 g Champignons, geviertelt
- 200 g Zucchini, dicke Scheiben
- 1–2 EL Zitronensaft
- 2 TL Sojasoße
- 2 EL frischer Koriander, fein gehackt

Kokosmilch mit Wasser, Instant-Gemüsebrühe, Zwiebeln, Sellerie, Knoblauch, Ingwer, Zitronenschale und Currypulver zum Kochen bringen. Zugedeckt 15 Minuten leicht köcheln.

Soße mit dem Mixstab fein pürieren und wieder zum Kochen bringen. Karotten, Brokkoli und Champignons untermischen. Das Curry 8 Minuten köcheln.

Zucchini dazugeben und alles Weitere 3–5 Minuten köcheln. Das Gemüse soll weich sein, aber noch einen leichten Biss haben.

Thai-Kokos-Curry mit Zitronensaft und Sojasoße würzen, mit frischem Koriander bestreuen.

Nährwert pro Portion: 141 kcal, 7 g F, 4 g E, 11 g KH, 0 mg Chol

Cremige Soße leicht gemacht

Diese aromatische Kokos-Curry-Soße hat eine angenehm sämige, cremige Konsistenz und ist dabei fettarm. Wie funktioniert das? Ganz einfach: Gehackte Zwiebeln und sehr kleine Selleriewürfel werden in der würzigen Brühe weich gekocht und dann alles fein püriert.

Aber bitte mit Tofu!

250 g kleine Tofuwürfel mit in den Topf geben. Am besten mittelfesten Tofu, dieser saugt sich voll mit dem würzigen Kokos-Curry-Aroma und ist mit seiner angenehm weichen Konsistenz eine perfekte Ergänzung zum knackigen Gemüse.

Grüne Curry-Paste hausgemacht

2 TL Korianderkörner und 2 TL Cumin (Kreuzkümmel) in einer trockenen Pfanne unter Rühren anrösten. Im Cutter oder mit dem Mixstab Koriander, Cumin, 4 EL frischen, gehackten Koriander, 1/2 gehackte Zwiebel, 2 gehackte Knoblauchzehen, 2 TL gehackte Zitronenschale, 4 TL gehackten Ingwer, 2 TL Curcuma (Gelbwurz), 1 grüne, gehackte Chilischote, 4 EL Öl, Saft von 1 Limette und 1 TL Salz zu einer Paste verarbeiten.

Grundrezept für jede Jahreszeit

Im Sommer simmern grüne Bohnen, rote Paprika und Auberginen-Würfel in der würzigen Kokos-Curry-Soße. Im Frühling kommen grüner Spargel, Erbsenschoten und Kohlrabi in den Topf.

Aus dem Wok – pikantes Kraut mit Sprossen

Für 2 Portionen

- 1 1/2 EL Sojasoße
- 2 EL Medium Sherry
- 1 gestrichener TL Speisestärke
- 1/2 TL geröstetes Sesamöl (spezielles Öl aus geröstetem Sesam)
- 1 EL Öl
- 2 Knoblauchzehen, fein gehackt
- 1 TL frischer Ingwer, fein gehackt
- 1/2 Chilischote, gehackt
- 200 g junges Weißkraut, feine Streifen
- 150 g Karotten, feine Stifte
- Salz
- 60 g Mungosprossen („Sojasprossen")
- 100 ml Gemüsebrühe (Gemüsesuppe)
- 2 Frühlingszwiebeln, feine Ringe

Sojasoße, Sherry, Speisestärke und Sesamöl glatt rühren.

Öl im Wok oder einer beschichteten Pfanne erhitzen. Knoblauch, Ingwer und Chili darin anbraten. Weißkraut und Karotten dazugeben, leicht salzen und unter Rühren 3 Minuten braten.

Sprossen untermischen. Alles unter Rühren 1 Minute braten. Mit Gemüsebrühe aufgießen, Sojasoße-Mischung unterrühren und kurz erhitzen, bis die Soße bindet.

Wok-Gemüse mit Frühlingszwiebeln bestreuen und mit dem Sesam-Tofu (siehe unten) anrichten.
Nährwert pro Portion: 140 kcal, 7 g F, 4 g E, 13 g KH, 0 mg Chol

Sesam-Tofu

Für 2 Portionen

- 1 TL ungeschälter Sesam
- 1/2 EL Öl
- 2 Knoblauchzehen, fein gehackt
- 1/2 TL gemahlener Koriander
- 150 g mittelfester oder fester Tofu, sehr dünne Scheibchen
- 1 EL Sojasoße
- 2 EL Medium Sherry
- 1/2 TL geröstetes Sesamöl (spezielles Öl aus geröstetem Sesam)

Sesam in einer trockenen Pfanne unter Rühren anrösten, bis die Körnchen anfangen hochzuspringen. Sesam im Mörser etwas zerstoßen.

Öl in einer beschichteten oder gusseisernen Pfanne erhitzen. Knoblauch darin kurz anrösten. Koriander dazugeben, kurz anrösten. Tofu dazugeben, auf beiden Seiten anbraten, mit Sojasoße und Sherry ablöschen. Tofu mit Sesamöl würzen und erhitzen, bis die Flüssigkeit verdampft ist.

Tofu mit dem gerösteten Sesam bestreuen und mit dem gebratenen Kraut anrichten.
Nährwert pro Portion: 125 kcal, 8 g F, 9 g E, 2 g KH, 0 mg Chol

Richtige Reihenfolge

Zuerst den Tofu zubereiten und warm halten. Dann das Gemüse schnell im Wok braten. Dabei alle Zutaten in Griffnähe haben.

Grüner Spargel mit gebratenen Frühlingszwiebeln, Spinat und Kerbel

Für 4 Portionen

- 1 Bund Kerbel (Petersilie oder Basilikum)
- 1 EL geschmolzene Butter
- 2–3 EL Zitronensaft
- 1 kg grüner Spargel
- Salz
- 1 EL Olivenöl
- 8 Frühlingszwiebeln, längs halbiert
- 100 g Spinat
- 2 Knoblauchzehen, fein gehackt
- Pfeffer

Backofen auf 50 °C vorheizen.

1/2 Bund Kerbel fein schneiden, mit geschmolzener Butter und Zitronensaft vermischen. Den restlichen Kerbel klein zupfen.

Spargel in reichlich Salzwasser bissfest kochen. Während der Garzeit des Spargels in einer beschichteten oder gusseisernen Pfanne 1/2 EL Öl erhitzen, Frühlingszwiebeln darin kurz braten, leicht salzen, warm stellen.

Spinat mit wenig Salz in einen Topf geben, zugedeckt bei guter Hitze für ca. 2 Minuten zusammenfallen und in einem Sieb abtropfen lassen.

In einer beschichteten Pfanne 1/2 EL Olivenöl erhitzen, Knoblauch darin kurz anbraten, Spinat dazugeben, kurz unter Rühren braten, mit Salz und Pfeffer würzen.

Den gut abgetropften Spargel auf einer großen Servierplatte anrichten, darauf die gebratenen Frühlingszwiebeln geben, Spinat darauf verteilen.

Die Kerbel-Zitronen-Butter mit 8 EL Spargelkochwasser vermischen, auf dem Gemüse verteilen. Als Krönung die ganzen Kerbelblättchen darüberstreuen.

Nährwert pro Portion: 120 kcal, 5 g F, 11 g KH, 6 g E, 6 mg Chol

Ideale Beilage

Junge, in der Schale gedämpfte Kartoffeln (Heurige).

Endlich frisches Grün!

Auf einer großen Servierplatte angerichtet, kommt diese Symphonie von jungem Frühlingsgemüse und zarten Kräutern erst richtig zur Geltung.

Spargel-Spaghetti mit Tomaten und Basilikum

Für 2 Portionen

- 160 g Spaghetti (aus Hartweizengrieß)
- Salz
- 1 EL Olivenöl
- 400 g grüner Spargel, 3 cm lange Stücke
- 4 Frühlingszwiebeln, feine Ringe
- Pfeffer
- 200 g Kirschtomaten, abgezogen, halbiert
- 1 Bund Basilikum, fein geschnitten
- 4 Zweigchen Oregano, fein geschnitten
- 2 EL Parmesan, frisch gerieben

Spaghetti in reichlich Salzwasser bissfest kochen.

In der Garzeit der Spaghetti das Öl in einer großen beschichteten Pfanne erhitzen. Spargel darin unter Rühren 4 Minuten braten. Leicht salzen. Frühlingszwiebeln untermischen, kurz braten. Spargel und Frühlingszwiebeln warm stellen.

Tomaten in die Pfanne geben, mit Salz und Pfeffer würzen. Unter Rühren nur so lange erhitzen, bis die Tomaten heiß sind.

Spaghetti abgießen und abtropfen lassen. In einer großen Schüssel die Spaghetti mit Spargel, Tomaten, Basilikum, Oregano und Parmesan vermischen. Spaghetti mit Salz und Pfeffer abschmecken.

Nährwert pro Portion: 434 kcal, 10 g F, 19 g E, 66 g KH, 8 mg Chol

Spargel, die Größe muss stimmen

Damit dieses schnelle Spaghetti-Gericht gelingt, wird sehr dünner Spargel in 3 cm lange Stücke geschnitten, dickere Spargelstangen werden – der kurzen Garzeit zuliebe – dazu längs halbiert oder geviertelt.

Brokkoli-Spaghetti mit Knoblauch, Kräutern, Kapern und Zitrone

Für 2 Portionen

- 500 g Brokkoli, kleine Röschen
- 160 g Spaghetti (aus Hartweizen)
- Salz
- 2 EL Olivenöl
- 8 Knoblauchzehen, fein gehackt
- schwarzer Pfeffer, grob gemahlen
- 1 EL Kapern, fein gehackt
- 2 TL Bio-Zitronenschale, fein gehackt
- 2–3 EL Zitronensaft
- 1 Bund Basilikum, fein geschnitten
- 2 TL frische Minze, fein gehackt
- 1 TL frischer Oregano, fein gehackt

Brokkoli zugedeckt in einem Siebeinsatz über Wasserdampf in ca. 4 Minuten bissfest garen (im Dampfgarer 2–3 Minuten). Brokkoli ziemlich klein hacken.

Spaghetti in reichlich Salzwasser bissfest kochen.

Während der Garzeit der Nudeln in einer beschichteten oder gusseisernen Pfanne das Olivenöl erhitzen. Knoblauch darin unter Rühren anbraten. Brokkoli dazugeben, unter Rühren braten, mit Salz und Pfeffer würzen.

Spaghetti abgießen und abtropfen lassen. Spaghetti, Brokkoli, Kapern, Zitronenschale, Zitronensaft, Basilikum, Minze und Oregano vermischen. Spaghetti mit Salz und Pfeffer abschmecken.

Nährwert pro Portion: 481 kcal, 12 g F, 18 g E, 72 g KH, 0 mg Chol

Der ganze Brokkoli schmeckt

Auch der dicke Stiel. Dieser wird großzügig mit einem Messer geschält, in dünne Scheiben geschnitten und mit den Röschen gegart.

Wenig Aufwand, neue Rezepte

Die Brokkoli-Spaghetti auch mit einer Handvoll zarter Rucola-Blättchen vermischen, dazu fein gehackte Oliven und/oder getrocknete Tomaten unterrühren.

Keine frischen Kräuter?

Dann dieses Pasta-Gericht großzügig mit tiefgefrorenen italienischen Kräutern würzen.

Käse liebt Pasta

Die Nudeln mit frisch geriebenem Parmesan (1 EL pro Person), mit pikantem Pecorino, mit würzigem Feta (auch der lässt sich fein reiben) oder kleinen Stückchen vom cremigen Gorgonzola bestreuen.

Zucchini-Spaghetti mit Rucola und Oliven-Salsa

Für 2 Portionen

Spaghetti

- 160 g Spaghetti (aus Hartweizengrieß)
- Salz
- 1 EL Olivenöl
- 400 g Zucchini, sehr dünne Scheiben
- 2 Frühlingszwiebeln, feine Ringe
- 2 EL Parmesan, fein gerieben
- 1 Bund Rucola, zerpflückt

Salsa

- 15 g grüne Oliven, fein gehackt
- 1/2 Bund Petersilie, fein gehackt
- 1 Knoblauchzehe, fein gehackt
- 1 TL Bio-Zitronenschale, fein gehackt
- 1–2 EL Zitronensaft

Spaghetti in reichlich Salzwasser bissfest kochen.

Für die Salsa die Oliven mit Petersilie, Knoblauch, Bio-Zitronenschale, Zitronensaft und 4 EL Spaghetti-Kochwasser vermischen.

Kurz bevor die Spaghetti fertig sind, das Öl in einer großen, beschichteten oder gusseisernen Pfanne erhitzen, Zucchini darin unter Rühren bei starker Hitze nur kurz braten, mit Salz würzen. Die Zucchini sind perfekt, wenn sie vom Rand her glasig werden, in der Mitte aber noch fast roh sind.

Spaghetti abgießen und abtropfen lassen.

Spaghetti mit der Oliven-Salsa, den Zucchini, Frühlingszwiebeln, mit Parmesan und Rucola vermischen, mit Salz und Pfeffer abschmecken.

Nährwert pro Portion: 436 kcal, 12 g F, 17 g E, 64 g KH, 8 mg Chol

Dünn schneiden, fein hacken

Dieses Pasta-Gericht ist sehr einfach und blitzschnell gekocht. Wie immer sind es jedoch die Kleinigkeiten, die darüber entscheiden, ob ein Gericht ganz okay ist oder wirklich gut schmeckt. Bei diesem Gericht heißt das: Die Zucchini sollten klein und fest sein, dazu gleichmäßig, sehr dünn (2–3 mm) geschnitten und wirklich nur ganz kurz gebraten werden. Für die Oliven-Salsa gilt, je feiner die Zutaten gehackt sind, umso besser verbindet sich ihr Aroma mit den Spaghetti. Die Alternative zur Schnipp-schnapp-Handarbeit: Die Zutaten für die Salsa nur grob hacken und mit 4 EL Spaghetti-Kochwasser im Cutter oder mit dem Mixstab zu einer glatten Paste verarbeiten.

Blitz-Spaghetti mit gebratenem Radicchio und Schafskäse

Für 4 Portionen

- 160 g Spaghetti
- Salz
- 1 EL Olivenöl
- 1 rote Zwiebel, fein gehackt
- 2 Radicchio Treviso (ca. 300 g), 2 cm breite Streifen
- Salz
- 4 große, geschälte Tomaten (Dose), Stücke
- 1/2 TL Oregano
- 30 g Schafskäse (Feta), fein zerbröselt
- schwarzer Pfeffer, grob gemahlen

Reichlich Salzwasser zum Kochen bringen, die Spaghetti darin bissfest kochen.

In dieser Zeit das Olivenöl in einer beschichteten Pfanne oder im Wok erhitzen. Die Zwiebeln darin zuerst bei milder Hitze weich dünsten, dann unter Rühren goldgelb braten.

Radicchio mit den Zwiebeln vermischen, mit Salz würzen, unter Rühren 2 Minuten braten. Der Radicchio soll gerade zusammenfallen. Radicchio aus der Pfanne nehmen und warm halten.

Tomaten in die Pfanne geben, mit Oregano würzen, leicht salzen und unter Rühren etwas einköcheln.

Die gut abgetropften Spaghetti mit den Tomaten vermischen. Radicchio und Schafskäse untermischen. Spaghetti mit Pfeffer abschmecken.

Nährwert pro Portion: 410 kcal, 9 g F, 16 g E, 64 g KH, 7 mg Chol

Zum Braten geeignet: Radicchio Treviso

Leicht zu erkennen an den länglichen, weinroten Blättern mit der breiten, weißen Innenrippe, ist Radicchio Treviso eine Spezialität aus dem Veneto. Mit seinem fein-herben Aroma schmeckt er im Salat, lässt sich grillen oder braten.

Pfeffer frisch mahlen

Wie für alle Gewürze gilt auch beim Pfeffer: Frisch gemahlen oder zerstoßen bringt er sein ganzes Aroma ins Essen, kann mal ganz fein oder wie bei diesem Spaghetti-Gericht auch grob gemahlen verwendet werden. Abgepackter, gemahlener Pfeffer schmeckt bald nach dem Öffnen unangenehm scharf und sonst nach nichts. Eine gute Pfeffermühle ist zwar nicht billig, aber eine Investition fürs Leben. Ich habe meine schon seit 20 Jahren und sie zeigt nicht die geringsten Ermüdungserscheinungen.

Geschmorter Fenchel mit Pilzen

Für 4 Portionen

- 2 EL Olivenöl
- 2 Zwiebeln, feine Ringe
- 4 Knoblauchzehen, feine Scheiben
- 4 kleine Fenchelknollen (ca. 700 g), Viertel
- Salz
- Pfeffer
- 250 g Champignons, Viertel
- 4 geschälte Tomaten (Dose), Stücke
- 1 TL Thymian
- 1 TL Basilikum

Das Olivenöl in einer großen, beschichteten Pfanne oder einem flachen Topf erhitzen. Zwiebeln darin zuerst weich dünsten, dann unter Rühren goldgelb braten.

Knoblauch und Fenchel dazugeben, mit Salz und Pfeffer würzen, Fenchel zuerst kurz anbraten, dann zugedeckt bei sehr milder Hitze ca. 10 Minuten im eigenen Saft dünsten.

Champignons und Tomaten zwischen dem Fenchel verteilen. Mit Thymian, Basilikum, Salz und Pfeffer würzen. Alles zugedeckt ca. 15 Minuten schmoren.

***Nährwert pro Portion:** 125 kcal, 6 g F, 6 g E, 11 g KH, 0 mg Chol*

Mit Käse überbacken

Geschmorten Fenchel in einer ofenfesten Pfanne zubereiten, mit 30 g fein geriebenem Emmentaler oder Parmesan bestreuen, im Ofen bei 180 °C 6 Minuten überbacken.

Dazu schmeckt Couscous

Für 4 Portionen 220 ml Salzwasser zum Kochen bringen. 200 g Couscous einrühren. Topf vom Herd nehmen. Couscous zugedeckt 5 Minuten ausquellen lassen, mit der Gabel auflockern.

***Nährwert pro Portion:** 163 kcal, 0 g F, 5 g E, 34 g KH, 0 mg Chol*

Sugo aus frischen und getrockneten Tomaten

Für 4-6 Portionen

- 2 EL Olivenöl
- 1 Zwiebel, fein gehackt
- 1/2 TL gemahlener Koriander
- 4 Knoblauchzehen, fein gehackt
- 1 kg reife Tomaten, abgezogen, Stücke
- 3 Zweigchen Oregano
- 2 Zweigchen Thymian
- 2 Zweigchen Minze
- Salz
- Pfeffer
- 8 getrocknete Tomaten, ca. 120 g (Glas)

Das Öl in einer großen, beschichteten oder gusseisernen Pfanne erhitzen. Die Zwiebeln darin zuerst bei milder Hitze glasig dünsten, dann unter Rühren goldgelb braten. Koriander untermischen und kurz anrösten.

Knoblauch und Tomaten dazugeben. Oregano, Thymian und Minze zu einem Kräutersträußchen zusammenbinden, zu den Tomaten in den Topf geben, mit Salz und Pfeffer würzen. Tomaten zugedeckt 10 Minuten köcheln.

Getrocknete Tomaten mit Küchenpapier gut abtupfen, fein schneiden und mit der Tomatensoße vermischen. Alles für 15 Minuten im offenen Topf zu einem dicken Sugo einköcheln. Mit Salz und Pfeffer abschmecken.

Nährwert pro Portion: 134 kcal, 6 g F, 5 g E, 15 g KH, 0 mg Chol

Doppelt gemoppelt schmeckt besser

Tomaten von der Sonne gereift und von ihr getrocknet, dazu ein Sträußchen Sommerkräuter und bestes Olivenöl – mit diesen Zutaten landet der Süden zu Hause im Kochtopf. Dieser Sugo passt zu Pasta, Polenta und besonders gut zu den zarten Basilikum-Gnocchi (siehe nächstes Rezept).

Basilikum-Gnocchi

Für 4 Portionen

- 400 g mehlige Kartoffeln
- 100 g Mehl
- 50 g Grieß
- 1 Ei
- 1 kleiner Bund Basilikum, fein geschnitten
- Muskat
- Salz

Kartoffeln in einem Siebeinsatz über Wasserdampf weich garen oder im Dampfgarer dämpfen, abziehen und heiß durch die Kartoffelpresse drücken. Die Kartoffelmasse auskühlen lassen.

Kartoffeln mit Mehl, Grieß, Ei, Basilikum, Muskat und 1/2 TL Salz zu einem glatten Teig verarbeiten.

Aus dem Teig mit mehlbestäubten Händen kleine Röllchen (2 cm Ø) formen. Davon 2 cm dicke Scheibchen abschneiden. Damit die typische Gnocchiform entsteht, die Teigscheibchen leicht über einen Gabelrücken drücken.

Reichlich Salzwasser zum Kochen bringen. Gnocchi im schwach siedenden Salzwasser 6–8 Minuten ziehen lassen.

Gnocchi mit dem Schaumlöffel aus dem Topf heben, abtropfen lassen und portionsweise mit dem doppelt gemoppelten Sugo (siehe links) anrichten.

Nährwert pro Portion: 217 kcal, 2 g F, 7 g , 41 g KH, 55 mg Chol

Gefragte Begleitung

Diese Gnocchi erfreuen auch zu gedämpftem Brokkoli mit Steinpilzsoße (S. 93), zu Karotten mit Orangensoße (S. 105) und Kohlrabi mit Mandelsoße (S. 93).

Moussaka - griechischer Auberginen-Auflauf

Für 4 Portionen

- 1 kg Auberginen (Melanzani), 1 cm dicke Scheiben
- 2 EL Olivenöl
- 2 Zwiebeln, fein gehackt
- 6 Knoblauchzehen, fein gehackt
- 1/4 TL Zimt
- Muskat
- 1/2 TL gemahlener Koriander
- 2 kleine Dosen gewürfelte Tomaten
- 1 TL Thymian
- 1 TL Oregano
- 2 TL Honig
- Salz
- Pfeffer
- 20 g Pinienkerne
- 400 g mehlige Kartoffeln
- 1 Ei
- 100 g Joghurt (1 % Fett)
- 30 g Schafskäse (Feta), fein gerieben

Backofen auf 180 °C vorheizen.

Ein großes Backblech mit Backpapier belegen. Auberginenscheiben nebeneinander darauflegen, leicht salzen, mit 1/2 EL Olivenöl bestreichen und im vorgeheizten Backofen insgesamt 20 Minuten garen. Nach 10 Minuten einmal umdrehen.

In einer gusseisernen oder beschichteten Pfanne das restliche Olivenöl erhitzen, Zwiebeln darin zuerst glasig dünsten, dann unter Rühren goldgelb braten.

Knoblauch, Zimt, Muskat und Koriander untermischen, kurz anrösten. Tomaten, Thymian, Oregano und Honig dazugeben, mit Salz und Pfeffer würzen. 12 Minuten lang zu einer dicken Soße einkochen, dabei ab und zu umrühren.

Pinienkerne in einer trockenen Pfanne unter Rühren kurz anrösten und grob hacken.

Kartoffeln in der Schale weich dämpfen, abziehen, durch die Kartoffelpresse drücken. Kartoffeln, Ei, Joghurt und Schafskäse vermischen. Die Masse mit Muskat, Salz und Pfeffer würzen.

Auf dem Boden einer feuerfesten Form etwas Tomatensoße verstreichen, darauf eine Schicht Auberginen geben, mit gerösteten Pinienkernen bestreuen, mit Tomatensoße bestreichen. In dieser Reihenfolge fortfahren. Zum Schluss die Kartoffelmasse auf der Moussaka verstreichen.

Moussaka im vorgeheizten Ofen 40 Minuten backen.

Nährwert pro Portion: 278 kcal, 12 g F, 12 g E, 30 g KH, 62 mg Chol

Risotto mit Pfifferlingen

Für 4 Portionen

- 1 EL Olivenöl
- 1 Zwiebel, fein gehackt
- 250 g Rundkornreis (Arboria-Reis)
- Muskat
- 1 Bund Petersilie, fein gehackt
- 600–700 ml heiße Gemüsebrühe (Gemüsesuppe)
- 1 Lorbeerblatt
- 1 Stück Bio-Zitronenschale
- 1 EL Butter
- 300 g Pfifferlinge (Eierschwammerl), Stücke
- Salz
- Pfeffer
- 80 ml trockener Weißwein
- 30 g Parmesan, frisch gerieben

In einem flachen Topf das Olivenöl erhitzen. Zwiebeln darin weich dünsten. Reis und eine gute Prise Muskat dazugeben, unter Rühren kurz anbraten. Die Hälfte der Petersilie untermischen, kurz andünsten.

Reis mit der Hälfte der Gemüsebrühe aufgießen, mit Lorbeer und Zitronenschale würzen. Risotto bei guter Hitze 15 Minuten kochen, dabei nach und nach die restliche Gemüsebrühe dazugeben und öfters umrühren.

In dieser Zeit die Butter in einer großen Pfanne schmelzen. Pfifferlinge darin 4 Minuten bei guter Hitze unter Rühren braten, leicht salzen und pfeffern.

Pfifferlinge und Weißwein mit dem Reis vermischen. Risotto noch 3 Minuten kochen. Der Reis soll noch einen leichten Biss haben und etwas suppig sein. Restliche Petersilie und den Parmesan untermischen. Risotto sofort servieren.

Nährwert pro Portion: 345 kcal, 9 g F, 10 g E, 52 g KH, 14 mg Chol

Appetit auf Pilze

Diesen Risotto mit Steinpilzen, Champignons, Austern- oder den besonders würzigen Shitake-Pilzen zubereiten.

Aus dem Römertopf - orientalische Schmorkartoffeln mit Karotten, Sellerie, Paprika und Tomaten

Für 4 Portionen

- 600 g festkochende Kartoffeln, 1 cm dicke Scheiben
- 1 Zwiebel, fein gehackt
- 3 Knoblauchzehen, fein gehackt
- 1/2 Bund Petersilie, fein gehackt
- 1 TL gemahlener Cumin (Kreuzkümmel)
- 1 TL gemahlener Koriander
- 1/2 TL Zimt
- 1 TL frischer Ingwer, fein gehackt
- Muskat
- Salz
- Pfeffer
- 1 EL Rosinen
- 1 roter Paprika, dünne Streifen
- 1 grüner Paprika, dünne Streifen
- 1 Karotte, dünne Scheiben
- 200 g Sellerie, dünne Scheiben
- 1 große Dose geschälte Tomaten, abgetropft
- 200 ml Gemüsebrühe (Gemüsesuppe)
- 2 EL Olivenöl

Den Römertopf 30 Minuten wässern.

In einer großen Schüssel die Kartoffeln mit Zwiebeln, Knoblauch, Petersilie, Cumin, Koriander, Zimt, Ingwer, Muskat, Salz und Pfeffer vermischen.

Den Römertopf abtropfen lassen. Den Boden des Römertopfs mit den Kartoffelscheiben bedecken, mit den Rosinen bestreuen. Darauf rote und grüne Paprika, Karotte und Sellerie geben. Das Gemüse mit Salz und Pfeffer würzen.

Tomaten in Streifen schneiden und auf das Gemüse legen. Gemüsebrühe mit dem Öl verrühren, über Tomaten und Gemüse gießen.

Den Römertopf verschließen, in den kalten Backofen stellen. Temperatur auf 200 °C einstellen und den Kartoffelschmortopf 45 Minuten garen lassen. Dazu die erfrischende Minze-Gurken-Soße (siehe rechts) essen.

Nährwert pro Portion: 191 kcal, 6 g F, 6 g E, 27 g KH, 0 mg Chol

Erfrischende Minze-Gurken-Soße

150 grob geriebene Gurken leicht ausdrücken. 250 g Joghurt (1 % Fett) mit der Gabel glatt rühren, mit Gurken, gehackter frischer Minze und 1 fein gehackten Knoblauchzehe vermischen. Salzen und pfeffern.

Nährwert pro Portion: 35 kcal, 1 g F, 2 g E, 4 g KH, 3 mg Chol

Currymischung statt einzelner Gewürze

Nicht alle Gewürze vorrätig für dieses angenehme Kartoffelgericht? Dann würzen Sie einfach mit 1 TL Currypulver oder mit Basilikum, Thymian und Oregano.

So einfach – das Kartoffel-Gratin

Für 2 Portionen

- 400 g festkochende Kartoffeln
- 1 TL Öl
- Salz
- 150 ml Milch
- 50 g Joghurt (1 % Fett)
- Muskat
- Pfeffer
- 2 EL Gruyère oder Emmentaler, fein gerieben

Kartoffeln in der Schale nicht zu weich dämpfen, abziehen und in dünne Scheiben schneiden.

Backofen auf 180 °C vorheizen. Eine flache, ofenfeste Form dünn mit Öl ausstreichen. Kartoffeln dachziegelartig in die Form schichten und leicht salzen.

Milch, Joghurt, Muskat, Pfeffer und Salz verrühren. Die Kartoffeln damit übergießen und mit dem Käse bestreuen. Gratin im vorgeheizten Ofen 20 Minuten überbacken.

Nährwert pro Portion:
279 kcal, 8 g F, 11 g E, 38 mg KH, 26 mg Chol

Schau in den Kühlschrank

und aus einem einsamen Gemüserest wird ein Mittagessen für zwei.

Mit Zucchini:

200 g Zucchini in dünne Scheiben schneiden, abwechselnd mit den Kartoffelscheiben in die Form schichten. Dazu schmeckt ein bunter Salat mit Kräuter-Joghurt-Dressing (S. 52).

Mit Lauch:

200 g Lauch in Ringe schneiden, in 1 TL Öl andünsten, leicht salzen. Kartoffeln in die Form schichten, Lauch darüberstreuen, den Guss darauf gießen und – da war doch noch ein bisschen Parmesan – mit dem Käse überbacken. Dazu passt der Radicchio, Feldsalat, Grapefruit und Fenchel mit Zitruscreme-Dressing (S. 54) oder der Gemüse-Endivien-Salat (S. 55).

Mit Tomate

2 Tomaten halbieren, in Scheiben schneiden, mit den Kartoffeln in die Form schichten. Das Gratin mit Oregano würzen, Guss darauf verteilen und mit 2 EL geriebenem Schafskäse bestreuen. Gibt es dazu Spinatsalat mit Pilzen (S. 58), lassen sich auch Gäste bestens bewirten.

Alles aus dem Ofen – knusprige Kartoffelschnitze und Päckchen-Gemüse

Für 2 Portionen

Kartoffeln

- 5 EL passierte Tomaten (Tetra-Pak)
- 2 EL Joghurt (1 % Fett)
- 1 EL Olivenöl
- 1 TL gemahlener Koriander
- 1/2 TL Thymian
- Muskat
- Chili
- 400 g festkochende Kartoffeln, kleine Schnitze
- Salz

Päckchen-Gemüse

- 1 TL Olivenöl
- 1 roter Paprika, dünne Streifen
- 1 Karotte, 3 mm dünne Streifen
- 4 Frühlingszwiebeln, längs halbiert, Stücke
- 200 g Zucchini, 1 cm dicke Scheiben
- Salz
- 1/4 TL Oregano

Backofen auf 190 °C vorheizen. Mit der Gabel die passierten Tomaten mit Joghurt, Olivenöl, Koriander, Thymian, Muskat und Chili verrühren. In einer Schüssel die Kartoffeln mit der Marinade vermischen, mit Salz würzen.

Ein kleines Blech mit Backpapier belegen, die Kartoffeln darauf in einer Schicht verteilen und im vorgeheizten Ofen bei 190 °C 35 Minuten knusprig backen.

Für die Gemüse-Päckchen zwei Stück Alufolie (ca. 29 x 35 cm) dünn mit Öl bestreichen. In die Mitte der Folie Paprika, Karotte, Frühlingszwiebeln und Zucchini häufen. Gemüse leicht salzen, mit Oregano bestreuen. Die Folie gut verschließen und die Gemüse-Päckchen 20–25 Minuten mit den Kartoffeln im Ofen garen.

Kartoffeln mit dem Päckchen-Gemüse anrichten, den Bärlauch-Dip (siehe unten) oder die erfrischende Minze-Gurken-Soße (S. 109) dazureichen.

Nährwert pro Portion: 336 kcal, 8 g F, 17 g E, 47 g KH, 6 mg Chol

Wir wollen viel knusprige Kruste!

Nichts leichter als das: einfach Aufläufe und Gratins in großen, flachen Formen oder auf dem Blech zubereiten.

Bärlauch-Dip

200 g Joghurt (1 % Fett) und 100 g Magerquark (Magertopfen) glatt rühren. 1 Bund fein geschnittenen Bärlauch untermischen. Salzen und pfeffern.

Nährwert pro Portion: 44 kcal, 1 g F, 5 g E, 4 g KH, 3 mg Chol

Blumenkohl in Petersiliensoße

Für 4 Portionen

- 300 ml Gemüsebrühe (Gemüsesuppe)
- 1 TL Bio-Zitronenschale, fein gehackt
- Muskat
- 1 Blumenkohl (Karfiol), kleine Röschen
- 3 EL saure Sahne (Sauerrahm)
- 1 großer Bund Petersilie, fein gehackt
- 1/2 EL Zitronensaft
- Salz
- 1 TL rosa Pfefferbeeren

Gemüsebrühe mit Zitronenschale und Muskat zum Kochen bringen. Blumenkohl darin zugedeckt 7 Minuten weich, aber mit Biss kochen. Blumenkohl mit einem Schaumlöffel aus dem Topf heben und warm stellen.

Mit dem Mixstab ein Viertel der Blumenkohlröschen mit der Garflüssigkeit, saurer Sahne, Petersilie und Zitronensaft zu einer glatten Soße mixen. Soße mit Salz abschmecken und mit den Blumenkohlröschen nochmals erhitzen.

Blumenkohl in Petersiliensoße mit den Crêpes (siehe unten) anrichten, mit roten Pfefferbeeren garnieren.
Nährwert pro Portion: 60 kcal, 2 g F, 5 g E, 5 g KH, 3 mg Chol

Crêpes

4 Portionen

- 125 ml Milch
- 125 ml Mineralwasser mit Kohlensäure
- 3 Eier
- 1/2 TL Salz
- 150 g feines Vollkornmehl
- 1 EL geschmolzene Butter
- Öl zum Braten

Mit dem Handrührgerät Milch, Mineralwasser, Eier und Salz glatt rühren. Mehl untermischen, alles zu einem glatten, ziemlich flüssigen Teig rühren. Butter untermischen.

Backofen auf 50 °C vorheizen. Eine gusseiserne oder beschichtete Pfanne erhitzen und mit einem hitzebeständigen Backpinsel nur dünn mit Öl bestreichen. Einen kleinen Schöpfer Teig in die Pfanne gießen und durch Drehen der Pfanne gleichmäßig verteilen.

Crêpes auf beiden Seiten knusprig braun backen und im vorgeheizten Backofen warm halten, bis der gesamte Teig verarbeitet ist. Die Crêpes sollen sehr dünn sein. Darum bei Bedarf noch etwas Mineralwasser untermischen.
Nährwert pro Portion: 272 kcal, 13 g F, 9 g E, 30 g KH, 168 mg Chol

Crêpes - pikant und süß

Knusprige Crêpes schmecken immer, auch mit Kohlrabi mit Mandelsoße (S. 93) oder grünem Spargel mit gebratenen Frühlingszwiebeln, Spinat und Kerbel (S. 97). Werden die Crêpes mit marinierten Aprikosen (S. 172) und Joghurt-Sahne (S. 183) oder mit der Pfirsich-Quark-Creme (S. 164) serviert, bestehen sie mit Bravour den Eignungstest zur süßen Hauptspeise.

Enchiladas - gefüllte, überbackene Tortillas

Für 4 Portionen

Soße

- 1 kleine Dose gewürfelte Tomaten
- 200 ml Gemüsebrühe (Gemüsesuppe)
- 1 kleine Zwiebel, fein gehackt
- 2 Knoblauchzehen, fein gehackt
- 1 grüne Chilischote, gehackt
- 1 TL Tomatenmark
- 1 TL Honig
- 1 TL Kakaopulver (ungesüßt)
- 1 TL Oregano
- 1/2 TL edelsüßes Paprikapulver
- Salz

Enchiladas

- 4 Wrap-Tortillas
- 200 g Indianerbohnen (Dose), abgetropft
- 80 g junger Gouda, grob gerieben
- 1 rote Zwiebel, feine Ringe
- 4 schwarze Oliven, Stücke
- 2 EL saure Sahne (Sauerrahm)
- 2 EL Joghurt (1 % Fett)

Gewürfelte Tomaten, Gemüsebrühe, Zwiebeln, Knoblauch, Chili, Tomatenmark, Honig, Kakaopulver, Oregano und Paprikapulver in einem Topf vermischen, zum Kochen bringen und zugedeckt 20 Minuten köcheln. Die Soße darf nicht zu dick werden. Soße mit dem Mixstab leicht pürieren und mit Salz abschmecken.

Backofen auf 180 °C vorheizen.

In die Mitte der Tortillas die abgetropften Bohnen, Käse, Zwiebeln und Oliven geben. Tortillas aufrollen, nebeneinander in eine ofenfeste Form legen und mit der Soße übergießen. Enchiladas im vorgeheizten Ofen 18 Minuten überbacken.

Saure Sahne und Joghurt vermischen. Auf jede Enchilada einen Klacks Creme geben.

Nährwert pro Portion: 277 kcal, 9 g F, 14 g E, 33 g KH, 26 mg Chol

Würzen wie in Mexiko

Ungesüßtes Kakaopulver ist in Mittelamerika ein beliebter Aromastoff für pikante Soßen. Geben Sie auch Cumin (Kreuzkümmel), gemahlenen Koriander und eine Nelke in den Topf, dann schmeckt die Soße wie am Strand von Acapulco.

Spinat-Lauch-Quiche mit Käse

Für eine Quiche mit 26 cm Durchmesser, 12 Stück

Teig

- 250 g feines Weizenvollkornmehl
- 1/2 Päckchen Trockenhefe (Trockengerm)
- 100–125 ml lauwarmes Wasser
- 1/4 TL Salz
- 1 TL Öl für die Form

Füllung

- 300 g tiefgekühlter Blattspinat
- 1/2 EL Butter
- 300 g Lauch, feine Streifen
- 1/2 Bund Petersilie, fein gehackt
- 150 g Joghurt (1 % Fett)
- 2 Eier
- 1/4 TL Thymian
- Muskat
- Salz
- Pfeffer
- 50 g Emmentaler oder Gruyère, fein gerieben

Mehl, Hefe, lauwarmes Wasser und Salz vermischen, daraus einen geschmeidigen Teig kneten. Teig zugedeckt 1 Stunde gehen lassen. Den Spinat auftauen lassen, in Stücke schneiden.

Backofen auf 200 °C vorheizen.

Die Butter in einer beschichteten Pfanne schmelzen. Lauch und Petersilie darin unter Rühren andünsten, bis der Lauch zusammenfällt.

Joghurt und Eier verquirlen, mit Lauch und Spinat vermischen. Die Füllung mit Thymian, Muskat, Salz und Pfeffer würzen.

Den Teig dünn ausrollen. Eine Springform (26 cm Durchmesser) dünn mit Öl ausstreichen. Den Teig in die Form geben. Einen Rand von 3 cm stehen lassen. Die Füllung auf dem Teigboden verteilen und den Käse über die Quiche streuen.

Die Spinat-Lauch-Quiche im vorgeheizten Ofen 30 Minuten backen. Die Quiche schmeckt heiß, lauwarm und kalt.

Nährwert pro Stück: 116 kcal, 3 g F, 7 g E, 14 g KH, 41 mg Chol

Fisch

Dim Sum – gedämpfte Teigtäschchen mit Lachs und Spinat

Für 2 Portionen als Hauptgericht, 4 Portionen als Vorspeise

- 200 g Spinat (oder 150 g tiefgekühlter Blattspinat)
- 4 Frühlingszwiebeln, feine Ringe
- 150 g Lachsfilet, fein gehackt
- 1 TL frischer Ingwer, fein gehackt
- 2 Eiweiß
- Salz
- Chili
- 20 Wan-Tan-Blätter

Spinat mit wenig Salz in einen Topf geben und zugedeckt bei guter Hitze 2 Minuten zusammenfallen lassen. Spinat abtropfen lassen, leicht ausdrücken und hacken.

Spinat, Frühlingszwiebeln, Lachs, Ingwer und 1 Eiweiß vermischen, mit Salz und Chili abschmecken.

Je 1 TL Füllung in die Mitte der Wan-Tan-Blätter geben. Teigränder leicht mit dem restlichen Eiweiß bestreichen und über der Füllung zusammendrücken, sodass kleine Säckchen entstehen.

Dim Sum zugedeckt in einem Siebeinsatz über Wasserdampf 12 Minuten (oder 8–12 Minuten im Dampfgarer) garen. Dazu die pikante Pflaumensoße (siehe rechts) oder den Asia-Dip (S. 121) reichen.

Nährwert pro Portion (bei 2 Portionen):
231 kcal, 10 g F, 26 g E, 14 g KH, 72 mg Chol

Wo gibt es Wan-Tan-Blätter?

Tiefgefroren in asiatischen Lebensmittelgeschäften. Sie können aber auch ganz normalen Nudelteig verwenden und diesen in ca. 10 cm große Quadrate schneiden. Letzteren gibt es in italienischen Lebensmittelgeschäften oder beim Bäcker auf Bestellung.

Dim Sum mit Garnelen und Hühnerfleisch

Für 2 Portionen als Hauptgericht, 4 Portionen als Vorspeise

- 150 g Garnelen
- 200 g Hühnerfilet, fein gehackt
- 4 Frühlingszwiebeln, feine Ringe
- 2 EL Petersilie, fein gehackt
- 1 TL frischer Ingwer, fein gehackt
- 1/2 TL Bio-Zitronenschale, fein gehackt
- 2 Eiweiß
- Salz
- Chili
- 20 Wan-Tan-Blätter

Garnelen am Rücken mit einem scharfen Messer einschneiden, den schwarzen Faden entfernen. Garnelen fein hacken.

Garnelen, Hühnerfleisch, Frühlingszwiebeln, Petersilie, Ingwer, Zitronenschale und 1 Eiweiß vermischen, mit Salz und Chili abschmecken.

Je 1 TL Füllung in die Mitte der Wan-Tan-Blätter geben. Teigränder leicht mit etwas Eiweiß bestreichen und über der Füllung zusammendrücken, sodass kleine Säckchen entstehen. Dim Sum zugedeckt in einem Siebeinsatz über Wasserdampf ca. 12 Minuten (oder 8–12 Minuten im Dampfgarer) garen.

Zu den Dim Sum die Pflaumensoße (siehe unten) oder den Asia-Dip (S. 121) reichen.

Nährwert pro Portion (bei 2 Portionen):
254 kcal, 3 g F, 43 g E, 12 g KH, 207 mg Chol

Typische Asia-Mischungen

Im Fernen Osten werden Garnelen gerne mit Hühner-, aber auch mit gehacktem Schweinefleisch kombiniert. Sie können die Garnelen auch mit fein zerbröseltem Tofu oder fein gehacktem Kabeljaufilet und frischem Basilikum mischen.

Pflaumensoße

Für 6–8 Portionen

- 100 g getrocknete Pflaumen
- 1 saftiger, säuerlicher Apfel, kleine Stücke
- 1/2 TL Zimt
- 2 TL frischer Ingwer, fein gehackt
- 1 Stück Bio-Zitronenschale
- Salz
- Saft von 1/2 Zitrone

Pflaumen in 150 ml warmem Wasser 1 Stunde einweichen, abgießen und dabei das Einweichwasser auffangen. Pflaumen in Stücke schneiden. Pflaumen, Apfel, Einweichwasser, Zimt, Ingwer, Zitronenschale und 1 Prise Salz in einen kleinen Topf geben, ca. 20 Minuten köcheln, dabei öfters umrühren. Bei Bedarf wenig Wasser untermischen. Alles mit dem Mixstab fein pürieren, Zitronensaft unterrühren und noch 2 Minuten köcheln.

Nährwert pro Portion (bei 8 Portionen):
42 kcal, 0 g F, 0 g E, 9 g KH, 0 mg Chol

Chinesischer Suppentopf
mit Pilzen, Sprossen und Dim Sum

Für 4 Portionen

- 1 Rezept ungekochte Dim Sum (S. 118 oder S. 119)
- 1,3 l schwach gesalzene Gemüsebrühe (Gemüsesuppe)
- 1 EL frischer Ingwer, fein gehackt
- 3 EL Medium Sherry
- 1–2 EL Sojasoße
- Chili
- 1 Nelke
- 1 Karotte, dünne Scheiben
- 100 g Sellerie, feine Streifen
- 8 Champignons oder Shitake-Pilze, dünne Scheiben
- 30 g Mungosprossen („Sojasprossen")
- 1 TL geröstetes Sesamöl (Spezialöl aus geröstetem Sesam)
- Salz
- 4 Kopfsalatblätter, feine Streifen
- 3 Frühlingszwiebeln, feine Ringe
- 2 EL frischer Koriander, fein gehackt

Dim Sum zugedeckt in einem Siebeinsatz über Wasserdampf ca. 12 Minuten (oder 8–12 Minuten im Dampfgarer) dämpfen.

In dieser Zeit in einem Topf die Gemüsebrühe mit Ingwer, Sherry, Sojasoße, einer Prise Chili und der Nelke zum Kochen bringen. Karotte, Sellerie und Pilze dazugeben, ca. 4 Minuten köcheln.

Sprossen untermischen, einen Moment köcheln. Suppentopf mit Sesamöl würzen, mit Salz und Sherry abschmecken.

Dim Sum portionsweise in großen Schüsseln verteilen, Gemüsesuppe darübergeben, mit Salatstreifen, Frühlingszwiebeln und Koriander bestreuen.
Nährwert pro Portion (bei 4 Portionen):
151 kcal, 3 g F, 24 g E, 8 g KH, 104 mg Chol

Wir brauchen große Suppenschüsseln

Eine Riesenportion würzige Suppe als Hauptgericht wärmt, macht zufrieden satt, hat lächerlich wenig Kalorien, schmeckt immer wieder und immer öfter einfach köstlich. Solche Suppen müssen meiner Meinung nach, damit der Genuss perfekt ist, wie in Asien üblich in großen Portionsschüsseln serviert werden. Die gibt es von edel und schlicht bis zu bunt und mit wunderbar kitschigen Verzierungen – ein guter Geschenkswunsch. Ich habe mittlerweile eine ganze Sammlung davon.

Soja- oder Mungosprossen?

Das sorgt für Verwirrung. Die kleinen, knackigen Sprossen werden – botanisch nicht korrekt – häufig als Sojasprossen bezeichnet. Die Hülsenfrucht, aus der sie gezüchtet werden, ist aber nicht die gelbe, runde Sojabohne, sondern die kleine, grüne Mungobohne. Also zugreifen, wenn Sie „Sojasprossen" suchen und Mungsprossen, Mungosprossen oder Mungobohnensprossen angeboten werden.

Aus dem Dampf - Kabeljau auf Karotten, Lauch und Brokkoli

Für 2 Portionen

- 100 g Lauch, feine Streifen
- 100 g Karotten, feine Stifte
- 150 g Brokkoli, sehr kleine Röschen
- 300 g Kabeljaufilet (Heilbutt oder St. Petersfisch), Portionsstücke
- Salz
- Pfeffer
- 1 EL Zitronensaft
- 1 TL frischer Ingwer, fein gehackt
- 1 TL Bio-Zitronenschale, fein gehackt
- 1 TL gerösteter Sesam

Lauch, Karotten und Brokkoli auf einem großen Teller verteilen.

Kabeljau salzen, pfeffern und auf das Gemüse legen. Kabeljau mit Zitronensaft beträufeln, mit Ingwer und Zitronenschale bestreuen.

Eine kleine Metallschüssel in einen Wok oder einen großen, flachen Topf stellen. Wok ca. 5 cm hoch mit Wasser füllen. Wasser zum Kochen bringen.

Teller mit Fisch und Gemüse in den Topf auf die Schüssel stellen und den Fisch zugedeckt im Wasserdampf ca. 12 Minuten garen.

Fischfilets mit Sesam bestreuen. Asia-Dip (siehe unten) und/oder Pflaumensoße (S. 119) dazureichen.

Nährwert pro Portion: 179 kcal, 3 g F, 31 g E, 7 g KH, 75 mg Chol

Im Dampfgarer

Gemüse und Fisch in den ungelochten Einsatz geben. Im Dampfgarer beträgt die reine Garzeit ca. 8–12 Minuten bei 90 °C, da der Fisch bereits in der Aufwärmphase etwas gart.

Fischgenuss pur

Einfacher kann Kochen nicht sein. Garen Sie die Fischfilets auch auf einem Bett von Spinatblättern oder auf fein geschnittenem Wirsing (Kohl).

Curry-Fisch

Die Fischfilets mit der grünen Curry-Paste (S. 95) dünn bestreichen, auf das Gemüse legen und dämpfen.

Asia-Dip

Für 2 Portionen 2 EL Sojasoße, 3 EL Medium Sherry, 1/2 TL Honig, einige Tropfen geröstetes Sesamöl und 1 Prise Chili vermischen.

Nährwert pro Portion: 42 kcal, 1 g F, 1 g E, 2 g KH, 0 mg Chol

Gedünsteter Heilbutt auf Kohlrabi in Kräutersoße

Für 2 Portionen

- 200 ml Gemüsebrühe (Gemüsesuppe)
- Muskat
- 1/2 TL Bio-Zitronenschale, fein gehackt
- 2 Frühlingszwiebeln, feine Ringe
- 300 g junge Kohlrabi (Kohlrüben), 3 mm dünne Scheiben
- 300 g Heilbuttfilet (Rotbarsch oder Seeteufel), Portionsstücke
- Salz
- Pfeffer
- 2 EL Creme legère (oder saure Sahne/Sauerrahm verrührt mit 1/2 TL Mehl)
- 1 EL Zitronensaft
- 4 EL frische Kräuter (Petersilie, Basilikum, Dill, Kerbel), fein gehackt

In einer großen Pfanne die Gemüsebrühe mit Zitronenschale und Muskat zum Kochen bringen. Frühlingszwiebeln und Kohlrabi hinzufügen und zugedeckt 3 Minuten dünsten.

Fischfilet salzen, pfeffern und auf das Gemüse legen. Den Fisch zugedeckt ca. 8 Minuten gar dünsten.

Fischfilets aus der Pfanne heben, auf eine vorgewärmte Platte geben und mit Alufolie abdecken.

Creme legère mit Zitronensaft verrühren, unter das Gemüse mischen, kurz erhitzen. Pfanne vom Herd nehmen, die frischen Kräuter untermischen und die Soße mit Salz und Pfeffer abschmecken.

Heilbuttfilet auf Kohlrabi in Kräutersoße anrichten.

Nährwert pro Portion: 216 kcal, 5 g F, 34 g E, 8 g KH, 56 mg Chol

Dazu Kartoffeln

In der Schale gedämpft, in der Folie oder halbiert auf dem Backblech im Ofen gebraten – Kartoffeln, fettfrei zubereitet, sind die perfekte Beilage zu zartem Fisch und mit nur 70 kcal pro 100 g (und praktisch null Fett) auch ein Hochgenuss für die schlanke Linie.

Fischfilet in cremiger Pilzsoße mit Trauben

Für 2 Portionen

- 100 g weiße Trauben
- 1/2 EL Butter
- 1/2 Zwiebel, fein gehackt
- 130 g Champignons, dünne Scheiben
- Salz
- 50 ml Weißwein
- 300 g Fischfilet (Rotbarsch, Seezunge, Steinbutt, Kabeljau), Portionsstücke
- 2 EL Creme legère (oder saure Sahne/Sauerrahm verrührt mit 1/2 TL Mehl)
- Salz
- Pfeffer

Trauben abziehen und halbieren.

Butter in einer beschichteten Pfanne erhitzen. Zwiebeln darin weich dünsten. Champignons untermischen, leicht salzen, unter Rühren kurz anbraten. Mit dem Weißwein aufgießen.

Fischfilets mit Salz und Pfeffer würzen, in die Soße legen, zugedeckt 6–8 Minuten dünsten. Fischfilets aus der Pfanne heben, abdecken und warm stellen.

Creme legère mit der Soße vermischen. Soße etwas einkochen, Trauben untermischen, kurz erhitzen, mit Salz und Pfeffer abschmecken. Fischfilets mit der Champignon-Trauben-Soße anrichten.

Nährwert pro Portion: 278 kcal, 10 g F, 31 g E, 11 g KH, 77 mg Chol

Verfeinern mit Creme legère oder saurer Sahne?

Creme legère ist mit nur 15 % Fett die abgespeckte Schwester der üppigen Creme fraîche. Wird Creme legère in Soßen und Suppen gerührt, bindet sie cremig. Sie flockt auch nicht aus, wenn die Flüssigkeit nochmals aufgekocht wird – im Gegensatz zur sauren Sahne (Sauerrahm) mit ca. 16 % Fett. Wird diese zum Verfeinern verwendet und soll die Flüssigkeit nochmals aufgekocht werden, dabei aber nicht ausflocken, muss die saure Sahne entweder untergemixt werden (wie auf S. 71 beschrieben) oder sie wird zuerst mit 1/2 TL Mehl glatt gerührt und dann mit Soßen und Suppen vermischt.

Gegrilltes Lachsfilet
mit Zitronen-Basilikum

Für 2 Portionen

- 1/2 Bund Basilikum, fein geschnitten
- 2 EL Zitronensaft
- 2 TL Bio-Zitronenschale, fein gehackt
- Pfeffer
- Salz
- 300 g Lachsfilet, Portionsstücke
- 1/2 EL Olivenöl

Basilikum mit Zitronensaft, Zitronenschale, Pfeffer und Salz vermischen.

Lachsfilets mit Salz würzen. Eine Grillpfanne dünn mit Öl bestreichen, die Lachsfilets darin auf beiden Seiten kurz braten.

Die Lachsfilets mit dem Zitronen-Basilikum beträufeln und mit den marinierten Kartoffelschnitzen (siehe unten) anrichten.

Nährwert pro Portion: 240 kcal, 13 g F, 28 g E, 4 g KH, 53 mg Chol

Gebratene, marinierte Kartoffelschnitze
mit grünen Blättchen

Für 2 Portionen

- 1 EL Olivenöl
- 1 TL Korianderkörner
- Muskat
- 400 g festkochende Kartoffeln, kleine Schnitze
- Salz
- Pfeffer
- 250 ml Gemüsebrühe (Gemüsesuppe)
- 1–2 EL Sherry-Essig
- 1 Frühlingszwiebel, feine Ringe
- 1/2 roter Paprika, feine Streifen
- 1 Handvoll grüne Blättchen (junger Mangold, Rucola, Spinat)

Olivenöl in einer beschichteten Pfanne erhitzen, Koriander und Muskat dazugeben, kurz unter Rühren anrösten. Kartoffelschnitze untermischen, mit Salz und Pfeffer würzen und kurz unter Rühren anbraten. Mit Gemüsebrühe aufgießen, zugedeckt bei guter Hitze kochen, bis die Gemüsebrühe verdampft ist, die Kartoffeln gar sind und stellenweise eine knusprige Kruste haben. Bei Bedarf noch etwas Gemüsebrühe angießen.

Die heißen Kartoffelschnitze mit dem Sherry-Essig vermischen, etwas durchziehen lassen.

Marinierte Kartoffelschnitze erst kurz vor dem Servieren mit Frühlingszwiebeln, Paprika und grünen Blättchen vermischen.

Nährwert pro Portion: 209 kcal, 6 g F, 6 g E, 33 g KH, 0 mg Chol

Aus der Folie - Kabeljau und Garnelen im Gemüsebett mit Sherrysoße

Für 4 Portionen

- 500 g Kabeljaufilet (Rotbarsch, Hoki, Seeteufel), große Stücke
- Salz
- Pfeffer
- 40 g Creme legère (oder saure Sahne/Sauerrahm verrührt mit 1/2 TL Mehl)
- 8 EL Medium Sherry
- 2 EL Zitronensaft
- 1/4 TL Thymian
- 300 g Lauch, feine Streifen
- 1 Karotte, dünne Scheiben
- 1 Bio-Zitrone, dünne Scheiben
- 150 g Garnelen (auch tiefgekühlt)
- 4 EL frische Kräuter (Petersilie, Basilikum) fein gehackt

Backofen auf 200 °C vorheizen. Fischfilet mit Salz und Pfeffer würzen.

Für die Soße Creme legère mit Sherry, Zitronensaft und Thymian glatt rühren. Die Soße mit Salz und Pfeffer würzen.

Pro Päckchen jeweils 2 Stück Alufolie (30 cm x 40 cm) übereinander legen. In die Mitte der Folie etwas Lauch und Karottenscheiben geben. Darauf 3 Zitronenscheiben, Fischstücke und Garnelen legen, mit den Kräutern bestreuen.

Die Alufolie an den Rändern etwas hochziehen und die Cremesoße über den Fisch gießen. Alles mit einem Stück Alufolie (30 cm x 40 cm) abdecken. Die Folien zuerst an den Längsseiten, dann an den Breitseiten fest zusammenfalten.

Die Fisch-Gemüse-Päckchen im vorgeheizten Ofen 12 Minuten garen und geschlossen portionsweise servieren.

Nährwert pro Portion: 233 kcal, 6 g F, 32 g E, 6 g KH, 132 mg Chol

Alles fertig, bevor die Gäste kommen

Sie wollen nicht lange in der Küche rumwerkeln, wenn die Gäste bereits da sind, trotzdem soll das Essen frisch gekocht sein? Dann ist dieses Rezept das Richtige für Sie. Die Fisch-Gemüse-Päckchen werden vorbereitet, warten im Kühlschrank und kommen erst in den Ofen, wenn die Gäste eintreffen. Um es völlig unkompliziert zu machen, reichen Sie knuspriges Baguette zum Fisch. So wird das Menü komplett: Servieren Sie als Vorspeise Kohlrabi-Frühlingszwiebel-Suppe (S. 74) und als Dessert die Rote Grütze mit Beeren (S. 171) und Joghurt-Rahm.

Ofen-Kartoffeln gefüllt
mit Räucherlachs und Rahm-Dip

Für 2 Portionen

- 2 große mehlige Bio-Kartoffeln (à 200 g)
- 60 g saure Sahne (Sauerrahm)
- 150 g Joghurt (1 % Fett)
- 2 Frühlingszwiebeln, feine Ringe
- 100 g Räucherlachs, feine Streifen

Den Backofen auf 200 °C vorheizen.

Die Kartoffeln waschen und dabei gut abbürsten. Kartoffeln in Alufolie wickeln, auf den Backofen-Rost legen (Mittelschiene) und im vorgeheizten Ofen 40–50 Minuten garen.

Große Kartoffeln haben je nach Sorte sehr unterschiedliche Garzeiten, machen Sie darum nach 35 Minuten eine Garprobe, also die Folie aufmachen und mit einem kleinen, scharfen Messer in die Kartoffel stechen. Folie zum Weitergaren wieder verschließen.

Saure Sahne und Joghurt glatt rühren, die Frühlingszwiebeln untermischen.

Kartoffeln auswickeln, portionsweise anrichten, die Kartoffeln etwas anschneiden (Vorsicht sie brechen leicht auseinander), mit dem Rahm-Dip und den Lachsstreifen füllen.

Nährwert pro Portion: 325 kcal, 12 g F 18 g E, 35 g KH, 55 mg Chol

Für Partys geeignet

Der Arbeitsaufwand bei diesem Rezept ist minimal, Sie können damit auch eine größere Gästezahl unkompliziert bewirten und werden feststellen: Diese gefüllten Kartoffeln kommen auch bei kulinarisch anspruchsvollen Gästen gut an.

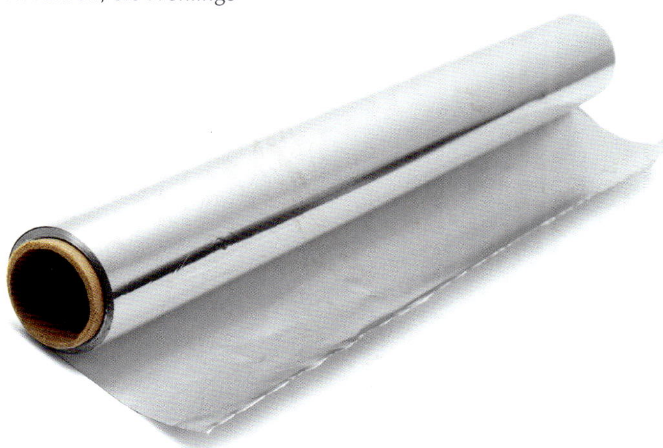

Lachs-Nockerln

Für 2–3 Portionen

- 200 g Lachsfilet, kleine Würfel
- 1 EL Semmelbrösel (Paniermehl)
- 2 Eiweiß
- 2 EL saure Sahne (Sauerrahm)
- 1 TL Tomatenmark
- 1/4 TL Bio-Zitronenschale, fein gehackt
- 1 TL frischer Ingwer, fein gehackt
- Muskat
- Salz
- Pfeffer
- 1 Frühlingszwiebel, feine Ringe

Im Cutter die Lachswürfel mit Bröseln, Eiweiß, saurer Sahne, Tomatenmark, Zitronenschale, Ingwer, Muskat, Salz und Pfeffer zu einer glatten Farce pürieren. Frühlingszwiebeln untermischen.

Salzwasser zum Kochen bringen, mit Teelöffeln aus der Fischfarce kleine Nockerln abstechen. Die Nockerln im leicht siedenden Salzwasser ca. 4 Minuten kochen. Nockerln mit einem Schaumlöffel aus dem Wasser heben und mit der Fenchel-Weißwein-Soße (siehe unten) anrichten.

Nährwert pro Portion (bei 2 Portionen):
183 kcal, 10 g F, 23 g E, 6 g KH, 45 mg Chol

Fisch-Vielfalt

Die Nockerln schmecken auch mit Kabeljau, Rotbarsch, Wels, Hecht oder Hoki.

Fenchel-Weißwein-Soße

Für 2 Portionen

- 250 ml Gemüsebrühe (Gemüsesuppe)
- 1/2 TL Basilikum
- 1 Lorbeerblatt
- Muskat
- 2 kleine Fenchelknollen, kleine Würfel
- 1 TL Bio-Zitronenschale, fein gehackt
- 2 EL Creme legère oder saure Sahne (Sauerrahm)
- 2 EL Weißwein
- 1 TL Zitronensaft
- 1 EL Petersilie, fein gehackt

Gemüsebrühe mit Basilikum, Lorbeer und Muskat zum Kochen bringen. Fenchel und Zitronenschale dazugeben. Den Fenchel zugedeckt ca. 10 Minuten weich mit Biss köcheln. Lorbeerblatt entfernen.

Fenchel durch ein Sieb abgießen, dabei die Garflüssigkeit auffangen. Garflüssigkeit, Creme legère, Weißwein und Zitronensaft mit einem Viertel der Fenchelwürfel fein pürieren. Soße eventuell durch ein Sieb streichen. Wenn die Soße zu dick ist, ein wenig Gemüsebrühe und/oder Weißwein unterrühren.

Die Soße nochmals zum Kochen bringen. Den restlichen Fenchel unter die Soße mischen, kurz erhitzen, mit Salz und Pfeffer abschmecken, mit Petersilie bestreuen.

Nährwert pro Portion: 73 kcal, 3 g F, 5 g E, 6 g KH, 7 mg Chol

Thailändischer Zwiebel-Fisch mit Karotten

Für 4 Portionen

- 2 EL Öl
- 3 Zwiebeln, sehr feine Ringe
- 3 Knoblauchzehen, dünne Scheiben
- 300 g Karotten, sehr feine Scheiben
- 1 TL frischer Ingwer, fein gehackt
- 1/2 TL gemahlener Cumin (Kreuzkümmel)
- 1 TL gemahlener Koriander
- Chili
- 600 g tiefgekühlte Fischfilets in Blockform (Hoki, Kabeljau, Seelachs)
- 2 EL Sojasoße
- 100 ml Wasser
- 1/2 TL geröstetes Sesamöl (Spezialöl aus geröstetem Sesam)
- Salz
- 2 EL frischer Koriander (oder Petersilie), fein gehackt

Öl in einer beschichteten Pfanne erhitzen. Zwiebeln darin zuerst bei sanfter Hitze weich dünsten, dann unter Rühren goldgelb braten. Knoblauch, Karotten, Ingwer, Cumin, Koriander und Chili dazugeben, unter Rühren 3 Minuten braten.

Ein großes, scharfes Messer ins heiße Wasser tauchen, die noch tiefgekühlten Fischfilets in große Würfel schneiden. Fischstücke mit Zwiebeln und Karotten vermischen, kurz unter Rühren braten, mit Sojasoße ablöschen, mit Wasser aufgießen und zugedeckt ca. 5 Minuten dünsten, bis der Fisch gar ist.

Thailändischen Zwiebel-Fisch mit geröstetem Sesamöl und Salz abschmecken. Mit Koriander bestreut servieren.

Nährwert pro Portion: 240 kcal, 8 g F, 29 g E, 12 g KH, 21 mg Chol

Würzig variieren

Statt mit den einzelnen Gewürzen mit 1 TL Currypulver aromatisieren oder 1–2 TL grüne Curry-Paste (S. 95) mit den gebratenen Zwiebeln und Karotten vermischen.

Gebratenes Saiblingsfilet mit würziger Miso-Kruste

Für 2 Portionen

Marinade
- 1/2 EL brauner Zucker
- 40 ml Wasser
- 80 g helles Miso
- 1 1/2 EL Zitronensaft
- 1 1/2 EL Sherry-Essig
- 1 TL frischer Ingwer, fein gehackt

Fischfilet
- 300 g Saiblingsfilets (Zanderfilets), Portionsstücke
- 1 EL Mehl
- 1 EL Öl
- 1 Frühlingszwiebel, feine Ringe

Zucker und Wasser in einem kleinen Topf verrühren und nur so lange erhitzen, bis sich der Zucker aufgelöst hat. Miso, Zitronensaft, Essig und Ingwer untermischen, alles glatt rühren. Die Marinade unter Rühren einen Moment kochen und abkühlen lassen.

Die Saiblingsfilets (mit der Hautseite nach unten) nebeneinander in eine Form legen, mit der Marinade bestreichen, mit Folie abdecken, kalt stellen und 1 Stunde ziehen lassen.

Den Backofengrill einschalten. Die Saiblingsfilets mit der Hautseite leicht in Mehl tauchen.

Öl in einer beschichteten Pfanne erhitzen. Saiblingsfilets auf der Haut 3 Minuten braten, mit der Hautseite nach unten auf ein Backblech legen und unter dem Grill 3-4 Minuten braten, bis die Miso-Marinade leicht karamellisiert und dunkelbraune Tüpfelchen bekommen hat.

Die Saiblingsfilets auf dem Spargel (siehe unten) anrichten und mit Frühlingszwiebeln bestreuen.

Nährwert pro Portion: 275 kcal, 9 g F, 36 g E, 12 g KH, 105 mg Chol

Gedünsteter grüner Spargel mit Kräutern

Für 2 Portionen

- 1/2 EL Öl
- 2 Frühlingszwiebeln, feine Ringe
- 300 g grüner Spargel, längs halbiert
- 100 ml Gemüsebrühe (Gemüsesuppe)
- 1/4 Bund Petersilie, fein gehackt
- 1 EL Zitronensaft
- Pfeffer

Das Öl in einer großen Pfanne erhitzen. Frühlingszwiebeln darin kurz anbraten. Spargel dazugeben, leicht salzen, kurz anbraten und mit der Gemüsebrühe aufgießen. Spargel zugedeckt ca. 8 Minuten bissfest dünsten, mit Petersilie und Zitronensaft vermischen.

Nährwert pro Portion: 66 kcal, 3 g F, 4 g E, 6 g KH, 0 mg Chol

Gebratenes Zanderfilet mit Tomaten-Kürbis-Soße auf schwarzen Linsen

Für 4 Portionen

Linsen
- 1 EL Olivenöl
- 1 kleine Zwiebel, fein gehackt
- 2 Knoblauchzehen, fein gehackt
- 200 g kleine, schwarze Linsen
- 500 ml schwach gesalzene Gemüsebrühe (Gemüsesuppe)
- 1/2 TL Thymian
- 1/2 TL Basilikum
- 1 Lorbeerblatt
- Salz

Soße
- 1 EL Olivenöl
- 2 Knoblauchzehen
- 300 g Muskat-Kürbis, sehr kleine Würfel
- Salz
- Chili
- 4 Tomaten, abgezogen, Stücke
- 1 TL Balsamico-Essig
- 1/2 TL frisches Rosmarin, gehackt

Fischfilets
- 4 Zanderfilets (à 150 g)
- Salz
- Pfeffer
- 4 EL Zitronensaft
- 2 EL Mehl
- 1 EL Öl

Backofen auf 180 °C vorheizen.

Für die Linsen das Olivenöl in einem kleinen, beschichteten Topf erhitzen. Zwiebeln darin glasig dünsten. Knoblauch und Linsen untermischen, kurz andünsten. Mit Gemüsebrühe aufgießen, mit Thymian und Lorbeer würzen. Linsen ca. 30 Minuten weich köcheln. Die Linsen sollten aber nicht zerfallen. Am Ende der Garzeit soll die Flüssigkeit fast verdampft sein. Linsen mit Salz abschmecken.

Während die Linsen köcheln, die Soße zubereiten. Dafür das Öl in einem beschichteten Topf erhitzen. Knoblauch darin anbraten, Kürbis dazugeben, kurz anbraten, mit Salz und Chili würzen. Tomaten, Balsamico-Essig und Rosmarin untermischen und alles 20 Minuten köcheln. Soße mit Salz und Pfeffer abschmecken.

Zanderfilets auf der Hautseite mehrmals leicht einschneiden, salzen, pfeffern und mit Zitronensaft beträufeln. Die Zanderfilets im Mehl wenden. Überschüssiges Mehl abschütteln. Öl in einer beschichteten Pfanne erhitzen. Zanderfilets darin zuerst auf der Hautseite 4 Minuten braten. Zanderfilet umdrehen und auf der Fleischseite noch kurz braten, bis der Fisch gar ist. Den Fisch mit der Tomaten-Kürbis-Soße auf den Linsen anrichten.

Nährwert pro Portion:
414 kcal, 10 g F, 44 g E, 36 g KH, 105 mg Chol

Fisch zum Schluss
Beginnen Sie mit dem Fisch erst, wenn Linsen und Tomaten-Kürbis-Soße fertig sind. Denn weder Soße noch Linsen schadet das Warmhalten, während jede Minute zu viel an Hitze dem Fisch zusetzt.

Lachs gegart unter dem Spaghetti-Berg

Für 2 Portionen

- 160 g Spaghetti
- Salz
- 1 EL Butter
- 6–8 Frühlingszwiebeln, feine Ringe
- 200 g Zucchini, sehr kleine Würfel
- 200 g Lachsfilet, kleine Würfel
- schwarzer Pfeffer, grob gemahlen
- 1 TL Bio-Zitronenschale, fein gehackt
- 1–2 EL Zitronensaft
- 1 kleiner Bund Basilikum, fein geschnitten

Spaghetti in reichlich Salzwasser bissfest kochen.

4 Minuten bevor die Nudeln fertig sind, die Butter in einer großen Pfanne schmelzen. Frühlingszwiebeln darin unter Rühren kurz anbraten. Zucchini dazugeben, mit Salz würzen, kurz unter Rühren anbraten.

Die Pfanne vom Herd nehmen. Spaghetti abgießen und abtropfen lassen.

Lachs in die Pfanne geben, mit Salz, Pfeffer, Zitronenschale und Zitronensaft würzen. Die Spaghetti darauf verteilen.

Lachs unter dem Spaghetti-Berg 2–3 Minuten ziehen lassen. Basilikum dazugeben, alles gut vermischen, mit Salz, Pfeffer und Zitronensaft abschmecken.

Nährwert pro Portion: 497 kcal, 12 g F, 30 g E, 65 g KH, 47 mg Chol

Lachs – weg von der Herdplatte!

Zartes Lachsfilet ist empfindlich, wird durch zu viel Hitze schnell trocken und kann dann auch leicht tranig schmecken. Darum unbedingt die Pfanne vom Herd nehmen, bevor der Lachs mit Frühlingszwiebeln und Zucchini vermischt unter dem Spaghetti-Berg verschwindet. Gut zugedeckt erreicht er in 2–3 Minuten seinen perfekten Garpunkt – fast durch, aber im Kern noch leicht glasig.

Fischfilet mit Kartoffel-Knusperkruste

Für 2 Portionen

- 300 g Fischfilet (Rotbarsch, Kabeljau, Hoki), Portionsstücke
- Salz
- Pfeffer
- 250 g Kartoffeln, grob gerieben
- 1 EL Öl

Fischfilets salzen und pfeffern. Kartoffeln leicht ausdrücken, mit wenig Salz vermischen.

Öl in einer beschichteten oder gusseisernen Pfanne erhitzen. Zwei dünne Kartoffelplätzchen in der Größe der Fischfilets in die Pfanne legen.

Fischfilets auf die Kartoffeln legen und ca. 15 Minuten bei geringer Hitze braten, bis die Kartoffelkruste goldbraun und der Fisch gar ist. Fischfilets mit der Kartoffelkruste nach oben mit dem Lauchgemüse (siehe unten) anrichten.

Nährwert pro Portion: 248 kcal, 6 g F, 29 g E, 19 g KH, 75 mg Chol

Da haben wir den Salat!

Zu diesem knusprig gebratenen Fisch schmeckt selbstverständlich auch Salat. Die schnellste Version: eine große Schüssel Blattsalat mit Kräuter-Joghurt-Dressing (S. 52). Eine herzhafte Begleitung ist der Rote-Rübensalat mit Meerrettich-Dip (S. 61) und Gäste freuen sich, wenn sie zum Knusperfisch den Salat mit Erbsenschoten, Brunnenkresse und Karotten-Vinaigrette (S. 56) serviert bekommen.

Lauch mit Kapernsoße

Für 2 Portionen

- 1/2 EL Butter
- 300 g Lauch, längs halbiert, 6 cm lange Stücke
- Salz
- Muskat
- Pfeffer
- 125 ml Gemüsebrühe (Gemüsesuppe)
- 1/2 TL Bio-Zitronenschale, fein gehackt
- 1/2 TL Liebstöckel
- 2 EL Weißwein
- 2 EL Creme legère (oder saure Sahne/Sauerrahm verrührt mit 1/2 TL Mehl)
- 2 TL Kapern, gehackt
- 1 EL Petersilie, fein gehackt

Butter in einem flachen, beschichteten Topf schmelzen. Lauch dazugeben, leicht salzen, mit Muskat und Pfeffer würzen und zugedeckt bei sehr milder Hitze 7 Minuten im eigenen Saft dünsten. Wenn notwendig, 2–3 Löffel Gemüsebrühe dazugeben.

Mit der Gemüsebrühe aufgießen, mit Zitronenschale und Liebstöckel würzen. Lauch zugedeckt noch 8 Minuten dünsten. Der Lauch soll weich sein, darf aber nicht zerfallen.

Weißwein, Creme legère und Kapern verrühren. Soße mit dem Lauch vermischen. Alles noch 3 Minuten köcheln. Lauchgemüse mit Pfeffer, Salz und Muskat abschmecken, mit Petersilie bestreuen.

Nährwert pro Portion: 105 kcal, 5 g F, 4 g E, 8 g KH, 13 mg Chol

Lachs aus dem Säckchen mit Mandel-Kräuter-Soße und Granatapfelkernen

Für 4 Portionen

Soße
- 1 TL Korianderkörner
- 250 ml Gemüsebrühe (Gemüsesuppe)
- 100 g Sellerie, kleine Würfel
- 1 Bund Petersilie, gehackt
- 1/2 Bund frischer Koriander (oder Basilikum) gehackt
- 3 Zweigchen Minze, gehackt
- 1 Knoblauchzehe, gehackt
- 2 gestrichene EL Mandelmus
- 2–3 EL Zitronensaft
- 2 TL Bio-Zitronenschale, fein gehackt
- 2 TL weißer Balsamico-Essig
- Salz
- Pfeffer
- 1 Granatapfel, Kerne ausgelöst

Lachs
- 600 g Wildlachsfilet, 2 cm breite Streifen
- Salz
- Pfeffer

Korianderkörner kurz in einer trockenen Pfanne anrösten.

Gemüsebrühe mit Sellerie zum Kochen bringen, zugedeckt 10 Minuten köcheln, bis der Sellerie weich ist.

Im Mixglas oder mit dem Mixstab die Gemüsebrühe mit Sellerie, Korianderkörnern, Petersilie, frischem Koriander, Minze, Knoblauch, Mandelmus, Zitronensaft, Zitronenschale und Balsamico-Essig zu einer glatten Soße pürieren. Die Soße mit Salz und Pfeffer abschmecken.

Lachsfilet mit Salz und Pfeffer würzen.

1–2 Lachsstreifen in Gefrierbeutel geben. In einem großen Topf reichlich Wasser auf 50 °C erhitzen. Die Gefrierbeutel mit dem Lachs in den Topf hängen, darauf achten, dass kein Wasser in die Beutel kommt. Den Lachs 8–10 Minuten bei 50 °C pochieren.

Lachs portionsweise mit der Mandel-Kräuter-Soße anrichten, mit Granatapfelkernen bestreuen.

Nährwert pro Portion: 280 kcal, 13 g F, 30 g E, 13 g KH, 53 mg Chol

Im Gefrierbeutel pochieren
Mit dieser pfiffigen Garmethode behält der Lachs sein feines Aroma und erreicht nach 8–10 Minuten einen perfekten Garzustand zwischen nicht mehr roh und trotzdem noch nicht gekocht. Problemlos funktioniert das, wenn Sie die Wassertemperatur mit dem Bratenthermometer messen, die Herdplatte auf der niedrigsten Stufe eingeschaltet haben und wenn das Wasser zu heiß wird, ein wenig kaltes Wasser nachgießen.

Grüne Begleitung: Rucola-Reis
Zum pochierten Lachs schmeckt Rucola-Reis. Für 4 Portionen 200 g Basmati-Reis mit 400 ml Salzwasser, 1 Nelke und 1 guten Prise Muskat zum Kochen bringen, ca. 18 Minuten zugedeckt köcheln und dann einige Minuten zugedeckt ausquellen lassen. 1 Bund Rucola in Stücke schneiden, mit dem Reis vermischen.

Aus dem Ofen – andalusisches Fischfilet mit Sofrito und Sherrysoße

Für 4 Portionen

- 700 g festkochende Kartoffeln
- 600 g Fischfilet (Kabeljau, Hoki, Rotbarsch, Wels, Pangasius), Portionsstücke
- 150 ml Medium Sherry
- 150 ml Gemüsebrühe (Gemüsesuppe)

Sofrito

- 2 EL Olivenöl
- 2 Zwiebeln, fein gehackt
- 3 Knoblauchzehen, fein gehackt
- 1 grüner Paprika, kleine Würfel
- 1 kleine Dose gewürfelte Tomaten
- Salz
- Pfeffer

Die Kartoffeln in der Schale nicht zu weich dämpfen, abziehen, in dicke Scheiben schneiden.

Den Backofen auf 180 °C vorheizen.

Für den Sofrito 1 1/2 EL Olivenöl in einer Pfanne erhitzen. Die Zwiebeln darin bei milder Hitze zuerst glasig dünsten, dann unter Rühren goldbraun braten. Knoblauch und Paprika dazugeben, kurz unter Rühren anbraten. Tomaten untermischen, mit Salz und Pfeffer würzen. Alles ca. 10 Minuten zu einer dicken Soße einköcheln.

Den Boden einer großen, ofenfesten Form dünn mit dem restlichen Öl bestreichen, mit den Kartoffelscheiben belegen. Kartoffeln leicht salzen.

Fischfilets mit Salz und Pfeffer würzen, nebeneinander auf die Kartoffeln legen. Den Sofrito auf Fisch und Kartoffeln verteilen.

In einem kleinen Topf den Sherry mit der Gemüsebrühe vermischen, zum Kochen bringen und den Fisch damit begießen. Die Form mit Alufolie gut verschließen.

Andalusischen Fisch im Ofen 15–18 Minuten garen. Für die letzten 5 Minuten die Folie entfernen, bei Bedarf noch etwas Sherry und/oder Gemüsebrühe angießen.

Nährwert pro Portion: 395 kcal, 7 g F, 38 g KH, 33 g E, 75 mg Chol

Fischfilet im Couscous-Bett unter der Paprika-Decke

Für 2 Portionen

- 3 Paprika (rot, gelb, grün)
- 1 EL Olivenöl
- 100 g Couscous
- 1 Zwiebel, fein gehackt
- 4 Knoblauchzehen, fein gehackt
- 1/2 TL Koriander
- Muskat
- 1 TL Bio-Zitronenschale, fein gehackt
- 1 TL frischer Ingwer, fein gehackt
- 2 TL frische Minze, fein gehackt
- 2 TL frisches Oregano, fein gehackt
- 1 TL frischer Thymian, fein gehackt
- 1/2 Bund Petersilie, fein gehackt
- 1/4 getrocknete Chilischote, fein gehackt
- Salz
- 300 g Fischfilet (Kabeljau, Wels, Seelachs, Pangasius oder Hoki)
- 1 EL Zitronensaft
- 4 Zitronenschnitze

Den Backofen auf 200 °C vorheizen.

Die ganzen Paprikaschoten auf den Rost (mittlere Schiene) legen und 20 Minuten garen. Die Paprika sind fertig, wenn ihre Haut Blasen wirft und sich stellenweise braun färbt. Paprika zugedeckt in einer Schüssel abkühlen lassen, über einer Schüssel anstechen und den herabtropfenden Saft auffangen. Insgesamt brauchen Sie 120 ml Flüssigkeit, darum, wenn notwendig, den Paprikasaft mit Wasser aufgießen.

Paprikaschoten abziehen, Trennhäute und Kerne entfernen, darauf achten, dass das Fruchtfleisch möglichst in einem Stück bleibt.

Couscous mit dem Paprikasaft vermischen und 10 Minuten quellen lassen.

1/2 EL Olivenöl in einer Pfanne erhitzen. Zwiebeln darin zuerst bei milder Hitze weich dünsten, dann unter Rühren goldgelb braten. Knoblauch, Koriander und Muskat dazugeben. Alles unter Rühren kurz anrösten.

Zwiebeln, Zitronenschale, Ingwer, Minze, Oregano, Thymian, Petersilie und Chili mit dem eingeweichten Couscous vermischen, mit Salz würzen.

Eine große, beschichtete oder gusseiserne Pfanne dünn mit Öl ausstreichen. Couscous in der Pfanne verteilen. Fischfilets salzen, pfeffern, mit wenig Zitronensaft beträufeln und auf den Couscous legen.

Couscous und Fischfilets mit den Paprikastücken völlig abdecken. Paprika leicht salzen. Zitronenschnitze darauflegen. Die Pfanne mit einem fest sitzenden Deckel oder mit Alufolie gut verschließen.

Fisch im Couscous-Bett unter der Paprika-Decke bei sehr milder Hitze 20 Minuten garen.

Nährwert pro Portion: 418 kcal, 7 g F, 36 g E, 50 g KH, 75 mg Chol

Wenig Zeit zum Kochen?

Dann statt der Paprika einfach 500 g Tomaten in dicke Scheiben schneiden. Fisch und Couscous damit bedecken. Tomaten leicht salzen.

So eine lange Zutaten-Liste!

Bei genauerer Betrachtung werden Sie feststellen, dass die meisten Zutaten Kräuter und Gewürze sind, die können ganz nach Lust, Laune und Füllung des Gewürzregals variiert werden. Also statt einzelner Gewürze eine Curry- oder orientalische Gewürzmischung verwenden und statt frischer kommen tiefgekühlte Kräuter hinein.

Fleisch

Ananas-Huhn aus dem Wok

Für 2 Portionen

Huhn

- 200 g Hühnerfilet, dünne Streifen
- 1 gestrichener TL Speisestärke
- 1 EL Sojasoße
- 1 EL Medium Sherry
- 1 EL Öl
- 1 kleine Zwiebel, feine Ringe
- 1 roter Paprika, sehr feine Streifen
- 1 Karotte, sehr dünne Scheiben
- 50 g Erbsenschoten, diagonal halbiert
- 150 ml Gemüsebrühe (Gemüsesuppe)
- 200 g Ananas, sehr kleine Stücke
- 1 TL frischer Ingwer, fein gehackt

Soße

- 2 EL Medium Sherry
- 1 EL Sojasoße
- 1 gestrichener TL Speisestärke
- 1 TL Honig
- Chili

Hühnerfleisch mit Speisestärke, Sojasoße und Sherry vermischen und 30 Minuten marinieren lassen.

In dieser Zeit das Gemüse klein schneiden und für die Soße den Sherry mit Sojasoße, Speisestärke, Honig und einer Prise Chili glatt rühren.

In einem Wok oder einer beschichteten Pfanne 1/2 EL Öl erhitzen. Hühnerfleisch darin unter Rühren braten, aus dem Wok nehmen. (Wok auswaschen und abtrocknen.)

Im Wok 1/2 EL Öl erhitzen. Zwiebeln darin unter Rühren anbraten, Paprika und Karotte dazugeben, leicht salzen, unter Rühren 2 Minuten braten. Erbsenschoten dazugeben, alles unter Rühren 2 Minuten braten. Gemüse aus dem Wok nehmen.

Gemüsebrühe, Ananas und Ingwer in den Wok geben, 2 Minuten köcheln. Die Soßenmischung unterrühren, köcheln, bis die Soße bindet.

Hühnerfleisch, Zwiebeln, Paprika, Karotten und Erbsenschoten mit der Ananassoße vermischen, kurz erhitzen.

Nährwert pro Portion: 314 kcal, 6 g F, 28 g E, 28 g KH, 66 mg Chol

Asia-Nudeln mit Huhn und Sprossen

Für 2 Portionen

Nudeln
- 150 g chinesische Weizen- oder Reisnudeln
- Salz
- 1 EL Öl
- 200 g Hühnerfilet, dünne Streifen
- 1 EL Sojasoße
- 100 g Mungosprossen („Sojasprossen")
- 1 Knoblauchzehe, fein gehackt
- 1 TL frischer Ingwer, fein gehackt
- 100 g Weißkraut, sehr feine Streifen
- 4 Frühlingszwiebeln, längs halbiert, 3 cm lange Stücke
- 100 g Karotten, grob gerieben
- 4 Blätter Eisbergsalat, feine Streifen
- 1 EL frischer Koriander, fein gehackt

Soße
- 3 EL Medium Sherry
- 2 EL Sojasoße
- Chili
- 1/2 TL Speisestärke

Die Nudeln in reichlich Salzwasser bissfest kochen und abtropfen lassen.

In einem Wok oder einer beschichteten Pfanne 1/2 EL Öl erhitzen. Das Hühnerfleisch darin unter Rühren braten, mit 1 EL Sojasoße ablöschen, unter Rühren braten, bis die Flüssigkeit verdampft und das Fleisch gar ist. Fleisch aus dem Wok nehmen.

Sprossen im Wok unter Rühren einen Moment braten, aus dem Wok nehmen. Den Wok auswaschen und abtrocknen.

Für die Soße den Sherry mit Sojasoße, 1 Prise Chili und Speisestärke glatt rühren.

1/2 EL Öl im Wok erhitzen. Weißkraut und Frühlingszwiebeln darin 3 Minuten unter Rühren braten. Karotten untermischen, mit der Soßenmischung aufgießen, unter Rühren erhitzen, bis die Soße bindet.

Hühnerfleisch und die gut abgetropften, heißen Nudeln untermischen. Gericht mit Salz und Chili abschmecken.

Asia-Nudeln portionsweise anrichten, mit Salatstreifen und frischem Koriander bestreuen.

Nährwert pro Portion: 497 kcal, 7 g F, 38 g E, 63 g KH, 66 mg Chol

Curry-Hähnchenbrust aus dem Backofen

Für 4 Portionen

- 2 TL Cumin (Kreuzkümmel)
- 2 TL Korianderkörner
- 250 g Joghurt (1 % Fett)
- Saft von 1/2 Zitrone
- 3 Knoblauchzehen, fein gehackt
- 2 TL frischer Ingwer, fein gehackt
- 3 TL edelsüßes Paprikapulver
- 1 TL Curcuma (Gelbwurz)
- Muskat
- Chili
- 2 Hähnchenbrüste à 300 g, ohne Haut
- Salz

Cumin und Koriander kurz in einer trockenen Pfanne unter Rühren anrösten und im Mörser zerstoßen.

Joghurt mit Cumin, Koriander, Zitronensaft, Knoblauch, Ingwer, Paprikapulver, Curcuma, Muskat und Chili gut verrühren. Hähnchenbrüste in je 2 Stücke schneiden, mit der Marinade übergießen, darin wenden und 3 Stunden im Kühlschrank marinieren lassen.

Den Backofen auf 180 °C vorheizen. Hähnchenbrüste aus der Marinade nehmen und nebeneinander in eine kleine Form legen. Die Form mit Alufolie gut verschließen. Hähnchenbrüste im vorgeheizten Ofen 15 Minuten garen. Folie entfernen und die Hähnchenbrüste noch 7–10 Minuten garen. Machen Sie die Garprobe: Mit einem spitzen, kleinen Messer in die Hähnchenbrüste stechen, wenn der austretende Saft klar ist, sind sie fertig.

Hähnchenbrüste in Stücke schneiden und auf Spinat mit Basilikum-Ingwer-Vinaigrette (siehe unten) anrichten.

Nährwert pro Portion: 166 kcal, 1 g F, 37 g E, 2 g KH, 99 mg Chol

Spinat mit Basilikum-Ingwer-Vinaigrette

Für 4 Portionen

Vinaigrette

- Saft von 1 Zitrone
- 1 Knoblauchzehe, fein gehackt
- 1 TL frischer Ingwer, fein gehackt
- 1/2 Bund Basilikum, fein geschnitten
- Salz
- Pfeffer

Gemüse

- 400 g Spinat
- Salz
- 1 EL Öl
- 8 Frühlingszwiebeln, längs halbiert, große Stücke
- 2 Tomaten, abgezogen, Stücke

Zitronensaft, Knoblauch, Ingwer und Basilikum vermischen. Vinaigrette mit Salz und Pfeffer abschmecken. Spinat mit etwas Salz in einen großen Topf geben, zugedeckt bei guter Hitze 1–2 Minute zusammenfallen und in einem Sieb etwas abtropfen lassen.

Das Öl in einem Wok oder einer großen, beschichteten Pfanne erhitzen. Frühlingszwiebeln darin unter Rühren kurz anbraten. Tomaten untermischen, kurz anbraten. Spinat untermischen und alles unter Rühren kurz erhitzen.

Gemüse vom Herd nehmen, mit der Vinaigrette vermischen, mit Salz abschmecken.

Nährwert pro Portion: 80 kcal, 3 g F, 4 g E, 7 g KH, 0 mg Chol

Hähnchenbrust geschmort im Kräuterbett mit aromatischer Tomaten-Paprika-Soße

Für 4 Portionen

- 1 EL Olivenöl
- 2 Zwiebeln, feine Ringe
- Muskat
- 1/2 TL gemahlener Koriander
- 1 Zimtstange
- 4 Knoblauchzehen, dünne Scheiben
- 2 Paprika (rot, gelb), feine Streifen
- 1 große Dose geschälte Tomaten
- 300 ml Gemüsebrühe (Gemüsesuppe)
- Salz
- Pfeffer
- 1 großer Bund Petersilie
- je 1/2 Bund Koriander, Minze, Basilikum
- 600 g Hähnchenbrust, Portionsstücke

Das Öl In einem beschichteten oder gusseisernen Topf erhitzen. Die Zwiebeln darin bei milder Temperatur 15 Minuten lang glasig und weich dünsten. Dabei ab und zu umrühren.

Eine gute Prise Muskat, Koriander und die Zimtstange untermischen, kurz unter Rühren anrösten. Knoblauch und Paprika dazugeben, kurz unter Rühren anbraten.

Tomaten abgießen, dabei den Saft auffangen. Die Tomaten in Stücke schneiden.

Tomaten, Tomatensaft und Gemüsebrühe mit Zwiebeln und Paprika vermischen. Die Soße zum Kochen bringen, 10 Minuten leicht kochen. Soße mit Salz und Pfeffer abschmecken.

Backofen auf 180 °C vorheizen. Den Boden einer ofenfesten Metallform oder eines kleinen Backblechs mit den ungeschnittenen Kräutern (Petersilie, Koriander, Minze und Basilikum) bedecken.

Das Hähnchenfleisch mit Salz und Pfeffer würzen, auf die Kräuter legen. Die Tomaten-Paprika-Soße darüber verteilen. Die Hühnerfilets im Kräuterbett im vorgeheizten Ofen 20 Minuten schmoren.

Nährwert pro Portion: 242 kcal, 4 g F, 39 g E, 11, g KH, 99 mg Chol

Ideal zur Bewirtung von Gästen

Schon am Vortag kann man die Soße zubereiten und die Kräuter waschen. 30 Minuten vor dem Essen Kräuter und Hähnchenfleisch in die Form legen, Soße darübergießen, rein in den Ofen und guten Appetit.

Kräuter bundweise

Der Vorteil: Die ungeschnittenen Kräuter verströmen ihr volles Aroma, schmecken aber nicht aufdringlich. Wer will, isst die Kräuter wie feines, grünes Blattgemüse, profitiert ganz nebenbei von ihrem immens hohen Gehalt an Mineral- und bioaktiven Schutzstoffen und ihrer stark basenbildenden Wirkung.

Putenrollbraten mit fruchtig-pikanter Lauchfüllung

Für 4-6 Portionen

Rollbraten

- 600 g Putenbrust
- 2 EL Öl
- 2 Zwiebeln, dicke Ringe
- 1 Karotte, dicke Stifte
- 50 g Sellerie, Stücke
- 3 Tomaten, Viertel
- 5 Stängel Petersilie
- 200 ml Gemüsebrühe (Gemüsesuppe)
- 100 ml Weißwein
- 1 Lorbeerblatt

Füllung

- 1/2 EL Öl
- 200 g Lauch, feine Ringe
- 1 Bund Petersilie, fein gehackt
- 1 Ei
- 1 Vollkorntoast, fein zerkrümelt
- Salz
- Pfeffer
- Muskat
- 2 EL Dijon-Senf
- 2 EL Aprikosenkonfitüre (Marillenmarmelade)

Außerdem

- Küchengarn

Backofen auf 180 °C vorheizen. Putenbrust abwaschen, trockentupfen und so aufschneiden, dass ein großes, flaches Fleischstück entsteht. Putenbrust etwas flach klopfen.

Für die Füllung in einer beschichteten Pfanne 1/2 EL Öl erhitzen. Lauch darin unter Rühren braten, bis er zusammenfällt, Petersilie untermischen, kurz unter Rühren dünsten. In einer Schüssel Lauch, Petersilie, Ei und Brot vermischen. Füllung mit Salz, Pfeffer und Muskat abschmecken.

Dijon-Senf und Aprikosenkonfitüre verrühren.

Das Putenfleisch salzen, auf einer Seite mit der Dijon-Aprikosen-Mischung bestreichen. Füllung darauf verstreichen, dabei an einer Längsseite einen Rand (2 cm) frei lassen. Fleisch längs aufrollen, mit Küchengarn zusammenbinden. Die Enden des Putenrollbratens mit Küchengarn zusammennähen.

In einem ofenfesten, flachen Topf 2 EL Öl erhitzen. Rollbraten, Zwiebeln, Karotte und Sellerie rundum anbraten. Tomaten und Petersilie dazugeben, mit Gemüsebrühe und Weißwein aufgießen, mit Lorbeer würzen. Die Flüssigkeit auf dem Herd zum Kochen bringen.

Den Braten zugedeckt im vorgeheizten Ofen 40 Minuten schmoren. Dann abdecken und noch 20-30 Minuten schmoren. Den Braten dabei immer wieder mit der Flüssigkeit begießen.

Braten in Alufolie wickeln und etwas ruhen lassen. In dieser Zeit die Soße durch ein Sieb gießen, Gemüse ausdrücken. Soße in einem kleinen Topf etwas einkochen, mit Weißwein, Salz und Pfeffer abschmecken.

Putenrollbraten in Scheiben schneiden, mit der Soße anrichten, dazu knusprige Polenta-Ecken und Romanesco (siehe rechts) servieren.

Nährwert pro Portion (bei 6 Portionen):
182 kcal,4 g F, 27 g E, 6 g KH, 97 mg Chol

Knusprige Polenta-Ecken

Für 4 Portionen 200 g Polenta in 600 ml kochendes Salzwasser rühren und zu einem dicken Brei kochen (dabei öfters umrühren). Polenta auf einem Brett verteilen, abkühlen lassen. In Dreiecke schneiden, auf ein beschichtetes Backblech legen, mit 1 TL zerlassener Butter bestreichen. Im vorgeheizten Bachofen (180 °C) 12 Minuten backen.

Nährwert pro Portion: 186 kcal, 2 g F, 4 g E, 36 g KH, 3 mg Chol

Romanesco

Für 4 Portionen: 500 g Romanesco oder Brokkoli in kleine Röschen schneiden, zugedeckt in einem Siebeinsatz über Wasserdampf oder im Dampfgarer bissfest garen.

Nährwert pro Portion: 33 kcal, 0 g F, 4 g E, 3 g KH, 0 mg Chol

Brathähnchen mit Pilzen und Gemüse aus dem Römertopf

Für 4-6 Portionen

- 1 Brathähnchen (ca. 1,2 kg)
- 4 Knoblauchzehen, durchgepresst
- 2 EL Sojasoße
- 1 TL edelsüßes Paprikapulver
- 1 TL Oregano
- 1 TL Thymian
- Salz
- Pfeffer
- 1 große Zwiebel, Achtel
- 1 Karotte, dicke Scheiben
- 1 roter Paprika, Viertel
- 1 Tomate, Viertel
- 250 g kleine Champignons
- 2-4 EL Medium Sherry oder Weißwein

Den Römertopf 30 Minuten wässern. Vom Brathähnchen die fetten Hautteile abschneiden. Hähnchen innen und außen abwaschen, trockentupfen.

Knoblauch, Sojasoße, Paprikapulver, Oregano, Thymian, Salz und Pfeffer vermischen. Das Hähnchen mit der Gewürzmischung innen und außen kräftig einreiben, dabei - soweit möglich - auch die Haut leicht anheben und die Marinade zwischen Fleisch und Haut verstreichen.

Römertopf abtropfen lassen. Hähnchen mit der Brust nach unten in den Römertopf legen. Zwiebeln, Karotte, Paprika und Tomaten um das Hähnchen legen.

Römertopf verschließen und in den kalten Backofen stellen. Backofen auf 220 °C aufheizen. Hähnchen darin 60 Minuten garen. Römertopf aus dem Ofen nehmen. Champignons rund um das Hähnchen legen und den Römertopf wieder verschließen. Hähnchen noch 20 Minuten garen.

Hähnchen aus dem Römertopf nehmen, mit der Brust nach oben auf ein Backblech oder in eine Bratenform aus Metall setzen und im Ofen 10 Minuten knusprig braten.

In dieser Zeit die Soße durch ein Sieb gießen, Gemüse und Pilze abtropfen lassen. Soße in einen kleinen Topf gießen. Ein Viertel der Karottenstücke, die Hälfte der Zwiebelstücke und die Tomatenstücke zur Soße geben. Restliches Gemüse und die Pilze warm halten.

Mit dem Mixstab die Soße fein pürieren, etwas einköcheln lassen, mit Sherry würzen, mit Salz und Pfeffer abschmecken. Hähnchen tranchieren, mit Pilzen, Gemüse und Soße servieren.

Nährwert pro Portion (bei 6 Portionen):
315 kcal, 16 g F, 36 g E, 5 g KH, 135 mg Chol

Lange Beschreibung, einfaches Rezept

Lassen Sie sich durch den ausführlichen Rezepttext nicht davon abhalten, dieses Hähnchen zu kochen. Der Arbeitsaufwand ist gering und die Zubereitung sehr einfach. Wenn Sie sich über den richtigen Garpunkt ihres Hähnchens nicht sicher sind, mit einem feinen, spitzen Messer an einer dicken Stelle tief ins Fleisch stechen. Wenn der austretende Saft klar ist, ist das Hähnchen fertig.

Römertopf - ein Revival

Der bauchige Tontopf ist ganz zu Unrecht aus der Mode gekommen, denn im Römertopf können Geflügel und Braten ohne Fett langsam geschmort werden. Die beliebten, da äußerst aromatischen Röststoffe können sich am Ende der Garzeit entwickeln, wenn der Topf geöffnet wird oder das Bratgut noch kurz zum Knusprigwerden auf das Backblech gelegt wird.

Im Ofen geschmort – kreolische Hähnchenkeulen mit Kürbis

Für 4 Portionen

- 4 Hähnchenkeulen (Ober- und Unterkeule)
- 2 EL Sojasoße
- 1 EL Olivenöl
- 400 g Kürbis (Muskat oder Hokaido), kleine Würfel
- 700 g Tomaten, abgezogen, Stücke
- 1 grüner Paprika, dünne Streifen
- 2 Zwiebeln, fein gehackt
- 4 Knoblauchzehen, feine Scheiben
- 100 ml Gemüsebrühe (Gemüsesuppe)
- 1 TL Bio-Zitronenschale, fein gehackt
- 1 TL Thymian
- 1/4 TL Zimt
- Muskat
- Chili

Die Haut der Hähnchenkeulen abziehen. Hähnchenkeulen mit Sojasoße bestreichen, 30 Minuten marinieren lassen.

Backofen auf 180 °C vorheizen. In einer beschichteten oder gusseisernen Pfanne das Öl erhitzen. Hähnchenkeulen darin rundum anbraten.

Hähnchenkeulen, Kürbis, Tomaten, Paprika, Zwiebeln und Knoblauch in eine ofenfeste Form (am besten aus Metall) geben.

Gemüsebrühe, Zitronenschale, Thymian, Zimt, Muskat und Chili vermischen, über Hähnchenkeulen und Gemüse gießen.

Form mit Alufolie gut verschließen. Kreolisches Hähnchen im vorgeheizten Ofen 40–50 Minuten schmoren.

Nährwert pro Portion:
302 kcal, 10 g F, 37 g E, 15 g KH, 102 mg Chol

Gut verschlossen hält saftig

In einer ofenfesten Form, gut verschlossen, garen Fleisch und Gemüse im eigenen Saft. Das Resultat lässt sich schmecken: viel aromatische Soße, wenig Fett.

Alles aus dem Ofen

Zum kreolischen Hähnchen passen fettfrei zubereitete Ofenkartoffeln mit knuspriger Kruste. Dafür gut abgebürstete, ungeschälte Bio-Kartoffeln längs halbieren, nebeneinander auf ein kleines Blech setzen, mit dem Hähnchen 20–30 Minuten garen. Rechnen Sie pro Person 200 g Kartoffeln. Das sind gerade mal 140 kcal, praktisch 0 g Fett und eine ordentlich sättigende Portion.

Marokkanischer Couscous mit Huhn, Gemüse und Kichererbsen

Für 4-6 Portionen

- 1 Brathuhn (ca. 1 kg)
- je 1 Bund Petersilie und Koriander
- 1 EL Olivenöl
- 2 Zwiebeln, dünne Scheiben
- 4 Knoblauchzehen, dünne Scheiben
- 3 Tomaten, abgezogen (oder geschält aus der Dose), Stücke
- 1 EL frischer Ingwer, fein gehackt
- 1/2 TL Curcuma (Gelbwurz)
- 1 Zimtstange
- 1/4 TL Kardamom, zerstoßen
- 1 TL Cumin (Kreuzkümmel), zerstoßen
- 1 TL Korianderkörner, zerstoßen
- 3 Pimentkörner
- Muskat
- 1,5 l Gemüsebrühe (Gemüsesuppe)
- 1 Karotte, dicke Stifte
- 1 grüner Paprika, breite Streifen
- 150 g Kichererbsen (Dose), abgetropft
- 200 g Zucchini, dicke Stifte
- 2 EL Rosinen
- Salz
- 1 getrocknete Chili, gehackt
- 200 g Couscous

Das Brathuhn mit der Geflügelschere in ca. 8 bis 10 Stücke schneiden. Haut abziehen, fette Teile wegschneiden.

Petersilie und Koriander mit Küchengarn zu einem Sträußchen zusammenbinden.

In einem beschichteten oder gusseisernen Topf das Olivenöl erhitzen. Zwiebeln darin glasig und weich dünsten. Hühnerfleisch dazugeben, rundum ein paar Minuten anbraten, salzen.

Knoblauch, Tomaten, Ingwer, Curcuma, Zimt, Kardamom, Cumin, Koriander, Piment und eine gute Prise Muskat dazugeben und alles 5 Minuten unter Rühren braten.

Mit Gemüsebrühe aufgießen, zum Kochen bringen. Kräutersträußchen, Karotte und Paprika dazugeben, zugedeckt 30 Minuten leicht kochen. Kichererbsen, Zucchini und Rosinen dazugeben, noch 5 Minuten leicht kochen, mit Salz abschmecken. Das Kräutersträußchen entfernen.

200 ml Salzwasser in einem kleinen Topf zum Kochen bringen. Couscous einrühren, vom Herd nehmen und zugedeckt 5 Minuten quellen lassen. Couscous mit der Gabel auflockern, bei Bedarf noch etwas Wasser untermischen.

Für den Dip die Chilischote mit 150 ml Garflüssigkeit aus dem Hühnertopf vermischen. Couscous und Chili-Soße zum Hühner-Gemüse-Topf servieren.

Nährwert pro Portion (bei 6 Portionen):
443 kcal, 12 g F, 41 g E, 40 g KH, 112 mg Chol

So wird Couscous in Marokko serviert

Hühnerfleisch und Gemüse mit dem Schaumlöffel aus dem Topf heben. Gekochten Couscous auf einer großen Platte zu einem Berg auftürmen. Mit den Gemüsestücken umlegen und obenauf das Fleisch geben. Mit gerösteten Pinienkernen bestreuen. Brühe und Chili-Soße getrennt dazureichen.

Praktisch, wenn Gäste kommen

Dieses Gericht lässt sich auch für eine größere Gästezahl vorbereiten und kann problemlos aufgewärmt werden.

Lolas Reis mit Huhn

Für 4 Portionen

- 2 Hähnchenkeulen, Stücke
- 1 Hühnerbrust (mit Knochen), Stücke
- 8 Safranfäden
- 2 EL Olivenöl
- 1 große Zwiebel, fein gehackt
- 3 Knoblauchzehen, dünne Scheiben
- 1 grüner Paprika, dünne Streifen
- 300 g Tomaten, abgezogen, kleine Stücke
- Salz
- 200 g Rundkornreis
- 600 ml Gemüsebrühe (Gemüsesuppe)
- 1 Lorbeerblatt
- scharfes Paprikapulver

Die Haut von Hühnerkeulen und Hühnerbrust abziehen. Safran mit 4 EL warmem Wasser vermischen.

Das Olivenöl in einem flachen, beschichteten oder gusseisernen Topf erhitzen. Die Zwiebeln darin zuerst weich dünsten, dann unter Rühren goldgelb braten. Knoblauch und Paprika dazugeben, unter Rühren anbraten. Tomaten untermischen, mit Salz würzen, unter Rühren etwas einkochen. Hühnerfleisch untermischen, unter Rühren 5 Minuten braten.

Reis untermischen, unter Rühren erhitzen. Mit der Gemüsebrühe aufgießen, mit Lorbeer, scharfem Paprika und dem aufgelösten Safran würzen.

Lolas Reis ca. 18 Minuten im offenen Topf köcheln, bei Bedarf noch etwas Gemüsebrühe angießen. Der Reis soll noch einen leichten Biss haben und darf nicht zu trocken sein.

Nährwert pro Portion:
457 kcal, 13 g F, 38 g E, 45 g KH, 110 mg Chol

Andalusische Leibspeise

Reisgerichte werden im Süden Spaniens oft und gerne gegessen, wobei alles, was die Jahreszeit bietet, mit dem Reis in einen Topf kommt; das können frische Bohnenkerne sein, Tintenfische, Schweinefleisch, Kaninchen oder Artischocken – jedoch amarillo (safrangelb) sollte jede Version sein. Dieser Reis mit Huhn ist das Rezept meiner langjährigen Freundin Lola Ariza-Ruiz, einer bekannten Köchin aus Bolonia an der Costa de la Luz – allerdings mit etwas weniger Öl zubereitet.

Knusprig gebraten – Lamm-Kartoffel-Burger

Für 4–6 Portionen

- 400 g mehlige Kartoffeln
- 400 g mageres Lammhack (Lammfaschiertes)
- 4 Frühlingszwiebeln, feine Ringe
- 3 Knoblauchzehen, fein gehackt
- 1/2 Bund Petersilie, fein gehackt
- 1 TL Thymian
- 1 TL Oregano
- 1 Ei
- 3–4 EL Semmelbrösel (Paniermehl)
- 2 TL Bio-Zitronenschale, fein gehackt
- Salz
- Pfeffer
- Muskat
- 1 EL Olivenöl

Kartoffeln in der Schale weich dämpfen, abziehen, durch die Kartoffelpresse drücken.

Lammhack mit Kartoffeln, Frühlingszwiebeln, Knoblauch, Petersilie, Thymian, Oregano, Ei, Bröseln und Zitronenschale gut vermischen. Die Masse mit Salz, Pfeffer und Muskat abschmecken und daraus kleine Burger formen.

Öl in einer beschichteten oder gusseisernen Pfanne erhitzen, die Burger darin auf beiden Seiten knusprig braun braten. Lamm-Kartoffel-Burger mit dem Bohnensalat (siehe unten) servieren.

Nährwert pro Portion (bei 6 Portionen):
279 kcal, 9 g F, 26 g E, 23 g KH, 119 mg Chol

Salat von grünen Bohnen mit Petersilien-Dressing

Für 4 Portionen

Salat

- 600 g grüne Bohnen (Fisolen), 3 cm lange Stücke (auch tiefgekühlt)
- 2 EL Sherry-Essig
- 1 EL Olivenöl
- 1 kleine, rote Zwiebel, fein gehackt
- Salz
- Pfeffer

Petersilien-Dressing

- 1 Bund Petersilie, grob gehackt
- 1 EL Zitronensaft
- 150 g Joghurt (1 % Fett)
- Salz
- Pfeffer

Die Bohnen über Wasserdampf zugedeckt 7 Minuten (oder 5–7 Minuten im Dampfgarer) bissfest garen (tiefgekühlte Bohnen etwas kürzer). Bohnen mit Sherry-Essig, Öl und Zwiebeln vermischen, mit Salz und Pfeffer würzen, etwas durchziehen lassen.

Für das Dressing mit dem Mixstab die Petersilie mit 50 g Joghurt und Zitronensaft kurz pürieren. Restliches Joghurt mit der Gabel untermischen. Dressing mit Salz und Pfeffer abschmecken.

Nährwert pro Portion: 92 kcal, 4 g F, 6 g E, 9 g KH, 2 mg Chol

Kalbfleisch-Pastete
mit Spinat und Cranberries

Für 4-6 Portionen als Hauptgericht, 6-8 Portionen als Vorspeise

- 2 EL getrocknete Cranberries
- 3 EL Cognac
- 150 g Spinat
- Salz
- 1 EL Butter
- 6 Frühlingszwiebeln, feine Ringe
- Salz
- 1 Bund Petersilie, fein gehackt
- 3 Toastbrote, fein zerkrümelt
- 1 Ei
- 1 Eiweiß
- 500 g mageres Kalbshack (Kalbsfaschiertes)
- 2 TL frischer Ingwer, fein gehackt
- 1 TL Bio-Zitronenschale, fein gehackt
- Muskat
- Pfeffer
- 1 TL Öl

Den Backofen auf 160 °C vorheizen. Cranberries mit dem Cognac vermischen und 20 Minuten quellen lassen.

Den tropfnassen Spinat mit wenig Salz in einen Topf geben, zugedeckt bei guter Hitze 2 Minuten zusammenfallen und in einem Sieb abtropfen lassen. Spinat leicht ausdrücken und grob hacken.

Die Butter schmelzen. Frühlingszwiebeln darin andünsten, leicht salzen. Petersilie dazugeben und kurz unter Rühren andünsten.

Das zerkrümelte Brot mit Cranberries, Cognac, Spinat und den heißen Frühlingszwiebeln vermischen. 15 Minuten ziehen lassen. Ei und Eiweiß verquirlen und mit der Brotmasse vermischen. Kalbfleisch, Ingwer und Zitronenschale untermischen, mit Muskat, Pfeffer und Salz würzen. Alles zu einer geschmeidigen Masse kneten.

Ein Stück Alufolie dünn mit 1 TL Öl bestreichen. Aus der Masse eine Rolle formen (ca. 8 cm Durchmesser) und diese in die Mitte der Folie legen. Die Folie gut verschließen. Pastete im vorgeheizten Ofen 25 Minuten garen, kurz in der Folie rasten lassen, in Scheiben schneiden. Wenn die Pastete kalt gegessen wird, in der Folie abkühlen lassen.

Nähwert pro Portion (bei 6 Portionen):
191 kcal, 6 g F, 20 g E, 10 g KH, 99 mg Chol

Zwei Mal durch den Fleischwolf

Lassen Sie das Kalbfleisch zwei Mal durch den Wolf drehen, dann wird die Pastete besonders zart.

Heiß als Hauptgericht, kalt als Vorspeise

Wenn es festlich zugehen soll oder Sie sich und Ihre Lieben verwöhnen wollen, servieren Sie zur heißen Pastete den gedünsteten grünen Spargel mit Kräutern (S. 130). Als Vorspeise die kalte Pastete auf Feldsalat mit Kartoffel-Dressing (S. 52) anrichten.

Tagliatelle mit Rindfleischstreifen in Pilzcremesoße

Für 4 Portionen

- 2 EL Öl
- 1 Zwiebel, fein gehackt
- 1 Bund Petersilie, fein gehackt
- Muskat
- 400 g Champignons, feine Scheiben
- Salz
- 150 ml Gemüsebrühe (Gemüsesuppe)
- 400 g Rindersteak, dünne Streifen
- Pfeffer
- 300 g Tagliatelle (Hartweizengrieß)
- 50 ml Weißwein
- 1/2 TL Speisestärke
- 2 EL Creme legère oder 2 EL saure Sahne (Sauerrahm) mit 1 TL Mehl verrührt

In einer beschichteten oder gusseisernen Pfanne 1 EL Olivenöl erhitzen. Zwiebeln darin bei milder Hitze zuerst glasig und weich dünsten, dann goldgelb braten. Die Hälfte der Petersilie und eine gute Prise Muskat dazugeben, alles unter Rühren kurz anrösten.

Champignons dazugeben, leicht salzen, unter Rühren 3 Minuten braten, mit der Gemüsebrühe aufgießen. Die Soße zugedeckt 5 Minuten leicht köcheln.

Rindfleisch auf zweimal anbraten: Dafür jeweils 1/2 EL Öl in einer beschichteten Pfanne oder einem Wok erhitzen. Die Hälfte des Fleisches unter Rühren rundum anbraten, mit Salz und Pfeffer würzen. Aus der Pfanne heben und die zweite Hälfte ebenfalls auf diese Weise anbraten und würzen.

Die Tagliatelle in reichlich Salzwasser bissfest kochen. Weißwein, Speisestärke und Creme legère glatt rühren.

Rindfleisch und die Weißweinmischung mit der Champignonsoße vermischen, erhitzen und kurz köcheln, bis die Soße bindet. Das Fleisch soll gar sein, aber noch einen rosaroten Kern haben. Restliche Petersilie untermischen.

Die gut abgetropften Nudeln portionsweise anrichten, Rindfleischstreifen in Champignonsoße darübergeben.

Nährwert pro Portion:
437 kcal, 11 g F, 34 g E, 48 g KH, 72 mg Chol

Aus dem Wok – Rindfleisch
mit Gemüse und pikanter Sesamsoße

Für 4 Portionen

Rindfleisch

- 400 g Rindersteak oder Rinderfilet, dünne Streifen
- 200 g Brokkoli, sehr kleine Röschen
- 1 EL ungeschälter Sesam
- 2 EL Öl
- 2 EL Sojasoße
- 1 Zwiebel, feine Ringe
- 2 Knoblauchzehen, fein gehackt
- 1 Karotte, 3 mm feine Stifte
- 1 roter Paprika, 5 mm feine Streifen
- 150 g Lauch, 5 mm feine Streifen
- 80 g junger Spinat

Soße

- 80 ml Medium Sherry
- 2 EL Sojasoße
- 1 gestrichener TL Speisestärke
- 1 TL frischer Ingwer, fein gehackt
- 1 TL geröstetes Sesamöl (Spezialöl aus geröstetem Sesam)
- Chili
- 200 ml schwach gesalzene Gemüsebrühe (Gemüsesuppe)

Rindfleisch 30 Minuten in die Tiefkühltruhe legen, in 1 cm dünne Streifen schneiden.

Brokkoli zugedeckt in einem Siebeinsatz über Wasserdampf für 5 Minuten bissfest garen (oder 3 Minuten im Dampfgarer).

Sesam in einer trockenen Pfanne unter Rühren kurz anrösten, bis die Körnchen anfangen hochzuspringen.

Für die Soße den Sherry mit Sojasoße, Speisestärke, Ingwer, Sesam-Würzöl und Chili glatt rühren.

Rindfleisch auf zweimal anbraten: Dafür je 1/2 EL Öl in einem Wok oder einer beschichteten Pfanne erhitzen. Die Hälfte des Fleisches darin unter Rühren kurz anbraten, mit 1 EL Sojasoße ablöschen und noch einen Moment braten. Mit der zweiten Hälfte gleich verfahren.

Wok auswaschen und darin 1 EL Öl erhitzen. Zwiebeln darin unter Rühren goldgelb braten. Knoblauch, Karotte und Paprika dazugeben, leicht salzen, unter Rühren 2 Minuten braten. Lauch dazugeben, unter Rühren 2 Minuten braten.

Brokkoli und Fleischstreifen untermischen, Gemüsebrühe und die Soßenmischung unterrühren. Alles kurz erhitzen, bis die Soße bindet.

Spinat untermischen und den Wok sofort vom Herd nehmen. Wokgericht mit Salz und Chili abschmecken, mit Sesam bestreuen.

Nährwert pro Portion: 304 kcal, 14 g F, 28g E, 10 g KH, 70 mg Chol

Das Nacheinander macht Wok-Gerichte perfekt

Kross gebratenes Fleisch, knackiges Gemüse mit strahlend frischen Farben – so schmecken uns Wok-Gerichte beim Lieblingschinesen. Das Geheimnis dieser gelungenen Mischungen: Die verschiedenen Zutaten werden nicht miteinander im Wok gegart, sondern nach Zutaten getrennt und ihrer Garzeit entsprechend nacheinander. Die Garzeiten im Wok sind sehr kurz, darum alle Zutaten gleichmäßig klein schneiden. Bevor Sie mit dem Kochen anfangen, müssen alle Zutaten (auch die angerührte Soße) in Griffnähe des Herdes stehen. Hört sich kompliziert an? Ist es nicht – die gute Vorbereitung macht das „Woken" kinderleicht.

Rotwein-Ragout mit Schalotten und Pilzen

Für 4–6 Portionen

Ragout

- 500 g mageres Rindfleisch, große Würfel
- 2 EL Olivenöl
- 1 Zwiebel, feine Ringe
- 1 Karotte, Stücke
- Salz
- Pfeffer
- Muskat
- 1 EL Mehl
- 300 ml Rotwein
- 250 ml Gemüsebrühe (Gemüsesuppe)
- 2 Knoblauchzehen, gehackt
- 1 EL Tomatenmark
- 1 TL Thymian
- 2 Pimentkörner
- 1 Lorbeerblatt

Schalotten und Pilze

- 1/2 EL Olivenöl
- 300 g Schalotten, abgezogen
- 150 ml Rotwein
- 1/2 TL Thymian
- 1 Lorbeerblatt
- 250 g kleine Champignons
- Salz
- Pfeffer

Damit das Fleisch gut bräunt, die Fleischwürfel mit Küchenpapier trockentupfen.

Das Rindfleisch auf zweimal anbraten: Dafür je 1 EL Olivenöl in einem beschichteten oder gusseisernen Topf erhitzen. Die Hälfte des Fleisches darin rundum anbraten, bis es leicht gebräunt ist. Fleisch aus dem Topf nehmen. Mit der zweiten Hälfte gleich verfahren.

Zwiebeln und Karotte im Bratrückstand unter Rühren anrösten. Das Fleisch zurück in den Topf geben, mit Salz, Pfeffer und Muskat würzen, mit Mehl bestäuben und alles kurz unter Rühren anrösten.

Mit Rotwein und Gemüsebrühe aufgießen, das Fleisch soll mit der Flüssigkeit ganz bedeckt sein. Knoblauch, Tomatenmark, Thymian, Piment und Lorbeer dazugeben. Das Ragout zum Kochen bringen und zugedeckt 1,5–2 Stunden simmern. Das Fleisch soll ganz weich sein und die Soße eine angenehm cremige Konsistenz haben. Bei Bedarf noch etwas Rotwein und/oder Brühe angießen.

Während das Ragout köchelt, die Schalotten und Pilze zubereiten. Dafür das Olivenöl in einer beschichteten oder gusseisernen Pfanne erhitzen. Die Schalotten darin bei milder Hitze rundum anbraten, bis sie Farbe annehmen. Mit Rotwein aufgießen, mit Thymian würzen. Die Schalotten zugedeckt ca. 20 Minuten köcheln, bis die ganze Flüssigkeit verdampft ist.

Die ganzen Champignons untermischen, mit Salz und Pfeffer würzen, unter Rühren 5 Minuten braten.

Schalotten und Pilze unter das Ragout mischen und alles noch 5 Minuten simmern.

Nährwert pro Portion (bei 4 Portionen):
348 kcal, 13 g F, 30 g E, 13 g KH, 75 mg Chol

Italienisches Rindfleischragout mit Paprika, Tomaten und Fenchel

Für 4-6 Portionen

- 500 g mageres Rindfleisch, große Würfel
- 2 1/2 EL Olivenöl
- Salz
- 2 Zwiebeln, feine Ringe
- 3 Knoblauchzehen
- 1 große Karotte, dicke Scheiben
- 1 grüner Paprika, Streifen
- 200 ml Gemüsebrühe (Gemüsesuppe)
- 100 ml Weißwein
- 1 EL Tomatenmark
- 1/2 TL Oregano
- 1/2 TL Basilikum
- 1/2 TL Fenchelsamen
- 2 Lorbeerblätter
- Pfeffer
- 2 kleine Fenchelknollen, kleine Schnitze
- 400 g geschälte Tomaten (Dose), Stücke

Damit das Fleisch gut bräunt, die Fleischwürfel mit Küchenpapier trockentupfen.

Das Fleisch auf zweimal anbraten: Dafür je 1 EL Öl in einem beschichteten oder gusseisernen Topf erhitzen. Die Hälfte des Fleisches darin unter Rühren rundum anbraten. Fleisch aus dem Topf nehmen, mit Salz würzen. Mit der zweiten Hälfte gleich verfahren.

Das restliche Öl in den Topf geben. Die Zwiebeln und die ganzen Knoblauchzehen in den Topf geben, mit dem Bratrückstand vermischen und bei milder Hitze in 15 Minuten glasig und weich dünsten, dabei ab und zu umrühren.

Fleisch, den ausgetretenen Fleischsaft, Karotte, Paprika, Gemüsebrühe, Weißwein, Tomatenmark, Oregano, Basilikum, Fenchelsamen und Lorbeer untermischen.

Ragout zum Kochen bringen, mit Pfeffer und Salz würzen und zugedeckt bei milder Hitze ca 1–1,5 Stunden schmoren. Bei Bedarf etwas Gemüsebrühe oder Weißwein angießen.

Fenchel und Tomaten hinzufügen, Ragout noch ca. 30 Minuten leicht kochen. Das Fleisch soll weich und von einer sämigen Soße umgeben sein. Ragout mit Salz und Pfeffer abschmecken.

Nährwert pro Portion (bei 6 Portionen):
315 kcal, 30 g E, 14 g F, 14 g KH, 75 mg Chol

Geduld wird belohnt

Diese Ragouts erfordern keinen großen Arbeitseinsatz, sind zur Bewirtung einer größeren Gästezahl geeignet und haben das Prädikat „Zum Aufwärmen geeignet". Allerdings gehören sie nicht zur Kategorie Blitzgerichte. Ihre ganze Klasse können sie nur entwickeln, wenn sie gemütlich vor sich hinschmurgeln dürfen und diese wunderbar cremig-sämige Soße entsteht, die so hervorragend an Nudeln und Kartoffeln haftet – und (von mir) am liebsten gleich löffelweise gegessen wird.

Ungarisches Krautfleisch

Für 4-6 Portionen

- 2 EL Öl
- 500 g mageres Schweinefleisch, kleine Würfel
- 2 Zwiebeln, fein gehackt
- 3 Knoblauchzehen, fein gehackt
- 600 g junges Weißkraut, gehobelt oder feine Streifen
- 2 TL edelsüßes Paprikapulver
- 1/2 TL Kümmel, grob zerstoßen
- Muskat
- Chili
- Salz
- 100 ml Gemüsebrühe (Gemüsesuppe)
- 200 g Joghurt (1 % Fett)
- 100 g saure Sahne (Sauerrahm) oder Creme legère
- 1 TL Mehl
- 1 EL Tomatenmark

In einem flachen, beschichteten oder gusseisernen Topf 1 EL Öl erhitzen. Das Fleisch darin rundum anbraten. Fleisch aus dem Topf nehmen.

Das restliche Öl in den Topf geben. Die Zwiebeln darin zuerst bei milder Hitze glasig dünsten, dann unter Rühren goldgelb braten. Knoblauch, Fleisch, Kraut, edelsüßes Paprikapulver, Kümmel, Muskat und Chili dazugeben, alles gut vermischen, mit Salz würzen. Das Krautfleisch zugedeckt 30-40 Minuten bei milder Hitze dünsten.

Mit dem Mixstab die Gemüsebrühe mit Joghurt, saurer Sahne, Mehl und Tomatenmark vermischen. Soße unter das Krautfleisch rühren. Zugedeckt noch 5 Minuten leicht kochen.

Nährwert pro Portion (bei 4 Portionen):
329 kcal, 35 g E, 12 g F, 18 g KH, 102 mg Chol

Klassische Begleitung

Zum herzhaften Krautfleisch gehören in der Schale gedämpfte Kartoffeln – eine ideale Kombination sowohl geschmacklich als auch figürlich.

Fleischknödel mit Räuchertofu

Für 4 Portionen

Knödel

- 1 kg mehlige Kartoffeln
- 100 g Kartoffelstärke
- 30–40 g Grieß
- 1 Eiweiß
- Salz
- Muskat

Füllung

- 1 EL Öl
- 1 kleine Zwiebel, fein gehackt
- 1/2 Bund Petersilie, fein gehackt
- 150 g Räuchertofu
- 150 g mageres Hackfleisch (Faschiertes)
- 1/2 TL Majoran
- Muskat
- Salz
- Pfeffer

Kartoffeln in der Schale weich dämpfen, abziehen und heiß durch die Kartoffelpresse drücken. Heiße Kartoffeln mit Kartoffelstärke, Grieß, Eiweiß, Salz und Muskat vermischen. Kartoffelteig mit Folie abdecken, 1 Stunde ruhen lassen.

Für die Füllung das Öl in einer kleinen Pfanne erhitzen. Zwiebeln darin weich dünsten, Petersilie unterrühren, kurz andünsten.

Den Räuchertofu mit der Gabel fein zerbröseln. Räuchertofu, Hackfleisch, Zwiebeln und Majoran vermischen. Die Füllung mit Muskat, Salz und Pfeffer abschmecken.

Auf einer bemehlten Fläche aus dem Kartoffelteig eine Rolle (ca. 15 cm Durchmesser formen). Davon 2 cm dicke Scheiben abschneiden.

Die Kartoffelteigscheiben flach drücken. In die Mitte jeder Scheibe 1 EL Füllung geben. Kartoffelteig vorsichtig über der Füllung zusammendrücken und runde Knödel formen. Dabei darauf achten, dass die Füllung nicht durch den Teig dringt.

Reichlich Salzwasser zum Kochen bringen. Die Kartoffelknödel im leicht kochenden Wasser für ca. 12 Minuten gar ziehen lassen. Nicht zu viele Knödel auf einmal in den Topf geben.

Nährwert pro Portion:
388 kcal, 4 g F, 19 g E, 66 g KH, 23 mg Chol

Schlaue Mischung hält schlank

Traditionell zubereitet passen Fleischknödel zur schlanken Linie wie die Faust aufs Auge. Mit der 50:50-Methode wird Speck durch aromatischen Räuchertofu ersetzt. Das Ergebnis: angenehm herzhafter Fleischgeschmack und deutlich weniger Kalorien und Cholesterin.

Sauerkraut

In einem beschichteten Topf 1 EL Öl erhitzen, 1 fein gehackte Zwiebel darin glasig dünsten. 1/2 TL Kümmel unterrühren, kurz anrösten. Sauerkraut, 400 ml Gemüsebrühe, 1 klein geschnittenen Apfel, 50 g mehlige, fein geriebene Kartoffeln, 5 Wacholderbeeren und 1 Lorbeerblatt untermischen. Sauerkraut zugedeckt 15–20 Minuten köcheln, mit Salz und Pfeffer abschmecken.

Süßes

Limetten-Joghurt-Rahm-Eis mit Minze

Für 4 Portionen

- 6 Zweigchen frische Minze
- 300 g Joghurt (1 % Fett)
- 100 g saure Sahne (Sauerrahm)
- Saft von 2 Limetten (oder Zitronen)
- 3 EL brauner Zucker
- abgeriebene Schale von 1/2 Bio-Zitrone

Die Minze abzupfen und fein hacken.

Joghurt, saure Sahne, Limettensaft, Zucker, Zitronenschale und Minze mit dem Handmixer vermischen.

Die Flüssigkeit in die Eismaschine geben und zu cremigem Eis rühren (oder die Masse zugedeckt 2–3 Stunden in das Gefrierfach stellen und alle 20 Minuten gut umrühren. So können sich keine harten Eisklümpchen bilden.

Das Limetten-Joghurt-Rahm-Eis portionsweise mit dem Sommer-Fruchtsalat (siehe unten) in Gläsern anrichten.
Nährwert pro Portion: 125 kcal, 4 g F, 4 g E, 16 g KH, 14 mg Chol

Sommer-Fruchtsalat mit Melonen, Pfirsich und Beeren

4 Portionen

- 400 g Zucker- oder Honigmelone, kleine Stücke
- 1 Pfirsich, kleine Stücke
- 200 g Beeren (Erdbeeren, Himbeeren, Johannisbeeren)
- Saft von 1 Orange
- 1 TL Zitronensaft
- 1 TL brauner Zucker

Melonen, Pfirsiche und Beeren mit Orangen-, Zitronensaft und Zucker vermischen.
Nährwert pro Portion: 92 kcal, 0 g F, 2 g E, 19 g KH, 0 mg Chol

Sahniges Erdbeer-Soja-Eis

Für 4 Portionen

- 400 g Erdbeeren, Stücke
- 80 g ml Sojacreme
- 1 EL brauner Zucker
- 2 Päckchen Naturvanillezucker
- 150 g Sojajoghurt, natur

Die Erdbeeren mit dem Mixstab fein pürieren. Mit dem Handmixer die Sojacreme mit Zucker und Vanillezucker für 5 Minuten leicht schaumig aufschlagen. Sojajoghurt untermischen. Die Creme mit dem Erdbeerpüree vermischen.

Alles in der Eismaschine ca. 30 Minuten lang zu Eis rühren (oder die Masse in einer flachen Schüssel zugedeckt 2–3 Stunden in das Gefrierfach stellen, dabei immer wieder gut umrühren, damit sich keine Eiskristalle bilden).

Nährwert pro Portion: 114 kcal, 6 g F, 3 g E, 14 g KH, 0 mg Chol

Aprikosen-Joghurt-Eis mit Zimt

4 Portionen

- 300 g reife Aprikosen (Marillen), Stücke
- 20 g brauner Zucker
- 1/2 TL Zimt
- Saft von 1 Orange
- 2 TL Zitronensaft
- 1 TL Bio-Zitronenschale, fein gehackt
- 250 g Joghurt (1 % Fett) oder Sojajoghurt, natur

Mit dem Mixstab die Aprikosen mit Zucker, Zimt, Orangen- und Zitronensaft fein pürieren. Die Zitronenschale untermischen.

Mit dem Handmixer Joghurt cremig rühren. Aprikosenpüree dazugeben und alles schaumig rühren.

Die Masse in der Eismaschine zu Eis rühren (oder zugedeckt für 2–3 Stunden in das Gefrierfach stellen und alle 20 Minuten gut umrühren, damit sich keine Eiskristalle bilden).

Nährwert pro Portion:
87 kcal, 1 g F, 3 g E, 15 g KH, 3 mg Chol

Hausgemachter Joghurt-Frischkäse
mit Feigen und Granatapfel

Für 4 Portionen

- 600 g Joghurt (1 % Fett)
- 1 EL Honig
- 1/4 TL Zimt
- 4 reife, saftige Feigen, Viertel
- 1 kleiner Granatapfel, Kerne ausgelöst

Ein Sieb mit einem feinen Küchentuch auslegen und das Joghurt hineinschütten. Sieb über eine Schüssel hängen. Joghurt im Kühlschrank zugedeckt ca. 5 Stunden abtropfen lassen. (Der Frischkäse soll die Konsistenz von Mascarpone haben.)

Joghurt-Frischkäse mit Honig und Zimt cremig rühren.

Frischkäse portionsweise mit den Feigen anrichten, mit Granatapfelkernen bestreuen.

Nährwert pro Portion: 161 kcal, 3 g F, 7 g E, 26 g KH, 8 mg Chol

Mit beeriger Soße

Auf das Köstlichste verträgt sich die Joghurt-Frischkäse-Creme auch mit Himbeersoße. Dafür 250 g Beeren mit dem Saft einer Orange und 2 TL braunem Zucker mit dem Mixstab fein pürieren. Dieses Rezept funktioniert auch bestens mit tiefgekühlten, aufgetauten Beeren.

Pfirsich-Quark-Creme

4 Portionen

- 2 reife Pfirsiche
- Saft von 1 Orange
- 2 EL brauner Zucker
- 400 g Magerquark (Magertopfen) oder hausgemachter Joghurt-Frischkäse (siehe oben)

Mit dem Mixstab Pfirsiche, Orangensaft und Zucker fein pürieren. Mit dem Handmixer Quark und Pfirsichpüree glatt rühren.

Nährwert pro Portion: 126 kcal, 1 g F, 14 g E, 16 g KH, 1 mg Chol

Fruchtig variieren

Im Einklang mit der Jahreszeit die Creme mit Aprikosen oder pürierten Beeren (auch tiefgekühlten) zubereiten.

Beeren-Salat mit Mandelcreme

Für 4 Portionen

Beerensalat

- 300 g Erdbeeren, kleine Stücke
- 150 g Himbeeren oder Brombeeren
- 150 g Heidelbeeren
- Saft von 1 Orange
- 1 TL Honig

Mandelcreme

- 250 g Sojajoghurt, natur
- 1 EL Mandelmus
- 2 Päckchen Naturvanillezucker

Erdbeeren, Himbeeren und Heidelbeeren in eine kleine Schüssel geben. Orangensaft mit dem Honig verrühren, vorsichtig mit den Beeren vermischen.

Mit dem Handmixer Sojajoghurt, Mandelmus und Naturvanillezucker zu einer glatten Creme rühren.

Beerensalat portionsweise in Gläsern anrichten. Mandelcreme daraufgeben.

Nährwert pro Portion: 143 kcal, 5 g F, 7 g E, 16 g KH, 0 mg Chol

Luftig-leichte Orangen-Mousse

Für 4-6 Portionen

- 100 g Sojacreme
- 3 Päckchen Naturvanillezucker
- 2 EL Puderzucker (Staubzucker)
- 150 g Sojajoghurt, natur
- 400 ml frisch gepresster Orangensaft
- 2 TL Zitronensaft
- 1 TL Bio-Orangenschale, fein gehackt
- 1/2 TL Bio-Zitronenschale, fein gehackt
- 1/2 TL frischer Ingwer, fein gehackt
- 7 Blatt weiße Gelatine

Mit dem Handrührgerät die Sojacreme mit Vanillezucker und Puderzucker 5 Minuten lang auf höchster Stufe schaumig schlagen. Sojajoghurt unterrühren.

Orangen- und Zitronensaft nach und nach unterrühren. Orangen-, Zitronenschale und Ingwer untermischen.

Gelatine in kaltem Wasser 5 Minuten einweichen, abtropfen lassen. Unter Rühren nur so lange erhitzen, bis sich die Gelatine auflöst.

Mit dem Handrührgerät die flüssige Gelatine in die Orangencreme rühren. Orangen-Mousse in eine Schüssel gießen und zum lockeren Festwerden 3 Stunden kalt stellen.

Orangen-Mousse mit dem Löffel abstechen und mit dem Mango-Kompott (siehe unten) portionsweise in hohen Gläsern anrichten.

Nährwert pro Portion (bei 6 Portionen):
114 kcal, 4 g F, 3 g E, 14 g KH, 0 mg Chol

Mango-Kompott mit Cranberries

Für 4-6 Portionen

- 2 EL getrocknete Cranberries
- 4 EL Cognac
- 1 große, reife Mango, kleine Würfel
- Saft von 1 Limette oder Zitrone
- Saft von 2 Orangen
- 1 EL brauner Zucker
- 2 getrocknete Datteln, feine Streifen
- 4 Kumquats, dünne Scheiben

Cranberries und Cognac vermischen und 1 Stunde marinieren lassen.

Mango, Limetten-, Orangensaft und Zucker in einem kleinen Topf vermischen, erhitzen und das Kompott 4 Minuten leicht köcheln.

Datteln, Kumquats und Cranberries untermischen und das Kompott noch 3 Minuten leicht köcheln. Kompott abkühlen lassen.

Nährwert pro Portion (bei 6 Portionen):
94 kcal, 1 g F, 1 g E, 17 g KH, 0 mg Chol

Variationen

Wenn Sie keine reife, saftige Mango erwischen, einfach 400 g frische Ananas in sehr kleine Stückchen schneiden und zum Kompott köcheln. Oder Pfirsich-, Aprikosen-, Zwetschken- oder Kirschen-Kompott mit der Orangen-Mousse servieren.

Eingetunkte Schoko-Früchtchen

Für 2 Portionen

- 20 g edelbittere Schokolade, kleine Stücke
- 2 EL Kirschensirup
- 2 EL Orangensaft
- 300 g klein geschnittene Früchte und Beeren (Ananas, Pfirsiche, Mandarinen, Mango, Apfel, Birne, Melone, Kirschen, Trauben, Erdbeeren)

Die Schokolade im Wasserbad schmelzen. Kirschensirup und Orangensaft dazugeben und alles glatt rühren.

Damit die Soße nicht fest wird, das Schüsselchen auf einem Rechaud mit Teelicht warm halten.

Die Früchtchen auf Holzspießchen stecken und in die Schoko-Kirschen-Soße dippen.

Nährwert pro Portion: 147 kcal, 2 g F, 2 g E, 29 g KH, 0 mg Chol

Süßes Mini-Fondue

Das klassische Schoko-Fondue ist eine echte Schlankheitsfalle und auch für einen starken Magen ein ziemlicher Hammer. Diese Version des süßen Fondues ist überwiegend fruchtig, trotzdem kommen dabei Schokoliebhaber auf ihre Kosten – ohne Gefahr für die schlanke Linie.

Erdbeer-Orangen-Tiramisu

Für 8 Stück

- 400 g Magerquark (Magertopfen)
- Saft von 2 Orangen
- 1 TL abgeriebene Bio-Orangenschale
- 3 Päckchen Naturvanillezucker
- 100 ml Sahne (Schlagobers)
- 1/4 TL Zimt
- 80 g Löffelbiskuits (Biskotten)
- 400 g Erdbeeren, Viertel
- 2 TL Kakaopulver

Mit dem Handmixer den Magerquark mit 100 ml Orangensaft, Orangenschale und Naturvanillezucker zu einer glatten Creme rühren. Die Sahne steif schlagen und mit der Quarkcreme vermischen.

Restlichen Orangensaft mit dem Zimt verrühren. Die Hälfte der Löffelbiskuits kurz in den Saft tauchen und den Boden einer kleinen, eckigen Form damit belegen.

Ein Drittel der Quarkcreme darauf verstreichen. Die Erdbeeren dachziegelartig darauflegen und mit einem Drittel der Quarkcreme bestreichen.

Die restlichen Löffelbiskuits kurz in den Orangensaft tauchen, in die Form legen. Die restliche Quarkcreme darauf verstreichen. Das Kakaopulver in ein feines Sieb geben und das Erdbeer-Orangen-Tiramisu damit bestreuen. Tiramisu im Kühlschrank etwas durchziehen lassen.

Nährwert pro Stück: 160 kcal, 5 g F, 9 g E, 18 g KH, 40 mg Chol

Jeden Monat neue Früchtchen

Ganz im Einklang mit der Jahreszeit können Sie dieses Dessert auch mit halbierten Trauben, Himbeeren, abgezogenen und in Schnitze geschnittenen Aprikosen- und Pfirsichen zubereiten. Wenn Sie gerade keine frischen Früchtchen zur Hand haben, auch einmal ungezuckerte Mandarinenschnitzchen aus der Dose verwenden. Mit frischen Ananas sollten Sie dieses Dessert allerdings nicht zubereiten. Denn sind frische Ananas einige Zeit mit Milchprodukten in Kontakt, entwickeln sie einen bitteren Geschmack, der sich aufs ganze Dessert überträgt.

Für Erwachsene

Orangensaft zum Befeuchten der Löffelbiskuits auch mit 2 EL Orangenlikör vermischen.

Ananas-Trauben-Salat mit frischen Datteln und Sesam-Krokant

Für 4 Portionen

Krokant

- 3 EL ungeschälter Sesam
- 1 1/2 EL Honig

Salat

- Saft von 1 Orange
- 1 TL Honig
- 500 g Ananas, sehr kleine Stücke
- 100 g blaue Trauben, halbiert
- 4 frische Datteln, feine Streifen

Sesam in einer kleinen, trockenen Pfanne unter Rühren anrösten, bis die Körnchen anfangen hochzuspringen. Den Honig unterrühren. Die leicht zähe Masse rasch auf einen flachen Teller gießen, glatt streichen und erkalten lassen. Das Sesam-Krokant in kleine Stückchen schneiden.

Orangensaft und Honig verrühren. Ananas, Trauben und Datteln damit vermischen.

Den Fruchtsalat portionsweise anrichten und mit dem Sesam-Krokant bestreuen.

Nährwert pro Portion: 156 kcal, 4 g F, 2 g E, 26 g KH, 0 mg Chol

Gewürze aus 1001 Nacht

So wird dieser Salat zu einem orientalischen Dessert: Kardamomkörnchen im Mörser fein zerstoßen und diese samt gemahlenem Zimt und einem Hauch gehacktem Ingwer mit dem Orangendressing vermischen.

Vanille-Sojacreme

Für 4-6 Portionen

- 100 g Sojacreme
- 2 Päckchen Naturvanillezucker
- 150 g Sojajoghurt, natur

Mit dem Handrührgerät die Sojacreme mit Vanillezucker auf höchster Stufe 5 Minuten schaumig-cremig aufschlagen. (Die Sojacreme verdoppelt bis verdreifacht dabei ihr Volumen, wird aber nicht so fest wie Schlagsahne.) Sojajoghurt unterrühren.

Nährwert pro Portion (bei 6 Portionen): 69 kcal, 4 g F, 2 g E, 3 g KH, 0 mg Chol

Pflanzlich, cholesterinfrei – und ohne gehärtetes Fett

Die Vanille-Sojacreme wird wie Schlagsahne zu Fruchtsalaten, Eis, Kuchen und Torten serviert.

Rote Grütze mit Beeren und Joghurt-Rahm

Für 4 Portionen

- 200 g Rote Johannisbeeren (Ribisel)
- 100 g Schwarze Johannisbeeren
- 250 g Sauerkirschen (Weichseln)
- 150 g Himbeeren
- 100 g Brombeeren
- 2 EL brauner Zucker
- 70 ml Preiselbeer- oder Kirschensirup
- 20 g Speisestärke

Joghurt-Rahm

- 200 g Joghurt (1 % Fett)
- 100 g saure Sahne (Sauerrahm)

Die Johannisbeeren vorsichtig von den Stielen streifen. Sauerkirschen entsteinen.

Rote und Schwarze Johannisbeeren, Sauerkirschen, Himbeeren und Brombeeren mit dem Zucker vermischen und etwas ziehen lassen.

Preiselbeersirup, 350 ml kaltes Wasser und die Speisestärke mit dem Schneebesen glatt rühren und unter Rühren zum Kochen bringen.

Früchte untermischen. Die Rote Grütze kurz aufkochen und dann kalt werden lassen.

Joghurt und saure Sahne verrühren. Die Rote Grütze portionsweise in Suppentellern anrichten. Den Joghurt-Rahm dazureichen.

Nährwert pro Portion: 241 kcal, 6 g F, 6 g E, 35 g E, 16 mg Chol

Kalt und fruchtig – Hauptgericht für den Sommer

Süße Hauptspeisen müssen nicht immer warm sein. Im Sommer gibt es die erfrischende Rote Grütze als Hauptgericht, ganz stilecht im Suppenteller serviert. Wird die vitaminreiche Speise als Dessert gegessen, reicht die Rezeptmenge für 6–8 Portionen.

Der Markt bestimmt die Grütze

Dieses Grundrezept passt sich der Marktlage an. Sind die Kirschen günstig und besonders saftig, kommen mehr davon in den Topf. Herrscht gerade Erdbeerschwemme, ersetzen die süßen Früchtchen die Himbeeren. Sind im Garten die Johannisbeeren reif, spielen diese strahlend roten Mini-Träubchen die Hauptrolle in der Grütze.

Flammerie-Creme

Für 4 Portionen

- 500 ml fettarme Milch
- 3 Päckchen Naturvanillezucker
- 1 EL brauner Zucker
- abgeriebene Schale von 1/2 Bio-Zitrone
- 1/2 TL Zimt
- 50 g Grieß
- 200 g Joghurt (1 % Fett)

Milch mit Vanillezucker, braunem Zucker, Zitronenschale und Zimt zum Kochen bringen. Grieß einrühren. Unter Rühren ca. 5 Minuten einen Grießbrei kochen.

Grießbrei abkühlen lassen. Mit dem Handmixer Grießbrei und Joghurt zu einer glatten Creme rühren. Die Flammerie-Creme portionsweise mit den marinierten Aprikosen (siehe unten) anrichten.

Nährwert pro Portion: 158 kcal, 3 g F, 7 g E, 25 g KH, 10 mg Chol

Marinierte Aprikosen

Für 4 Portionen

- 600 g saftige, reife Aprikosen (Marillen), kleine Schnitze
- Saft von 1 Orange
- 1 EL Zitronensaft
- 1 TL frischer Ingwer, fein gehackt
- 1 TL Bio-Zitronenschale, fein gehackt
- 1 TL brauner Zucker

Aprikosen mit Orangen- und Zitronensaft, Ingwer, Zitronenschale und Zucker vermischen, kalt stellen und 2 Stunden durchziehen lassen.

Nährwert pro Portion: 81 kcal, 0 g F, 2 g E, 17 g KH, 0 mg Chol

Gebratene Bananen mit Preiselbeersoße

Für 2 Portionen

- 1 EL Mandelsplitter
- 1 TL Butter
- 2 Bananen, längs halbiert
- 2 EL Preiselbeerkompott
- Saft von 3 Mandarinen

Die Mandelsplitter in einer beschichteten Pfanne kurz unter Rühren anrösten.

Die Butter in einer beschichteten Pfanne schmelzen. Die Bananenhälften darin bei milder Hitze auf jeder Seite ca. 2 Minuten braten. Banane aus der Pfanne nehmen, mit den gerösteten Mandeln bestreuen.

Das Preiselbeerkompott mit dem Mandarinensaft vermischen und unter Rühren kurz erhitzen.

Die gebratenen Bananen mit der Preiselbeer-Mandarinen-Soße anrichten.

Nährwert pro Portion: 197 kcal, 5 g F, 3 g E, 33 g KH, 0 mg Chol

Menü aus der Vorratskammer

Tiefkühltruhe, Obstschale und Vorratsschrank inspizieren und dann (hoffentlich) dieses kleine Menü zubereiten: Als Hauptgericht eine große Portion grasgrüne Erbsensuppe (S. 70) mit Vollkornbrot, als nahrhaftes Dessert gebratene Banane mit Preiselbeersoße und nach dem Essen das zufriedene Gefühl, mal wieder dem Pizzadienst entronnen zu sein.

Bratapfel mit Joghurt-Vanille-Soße

Für 1 Portion

- 1 großer, saftiger, säuerlicher Apfel
- 1 Prise Zimt
- 4 EL Joghurt
- 1/4 TL Naturvanillezucker

Backofen auf 200 °C vorheizen. Den Apfel halbieren und das Kerngehäuse ausstechen.

Die Apfelhälften mit Zimt bestreuen, nebeneinander auf ein kleines Blech setzen und im vorgeheizten Ofen 12–15 Minuten ganz weich braten.

Den Apfel leicht abkühlen lassen. Das Fruchtfleisch aus der Haut kratzen und in eine kleine Schüssel geben.

Joghurt mit Vanillezucker verrühren, über den Apfel gießen.

Nährwert pro Portion: 105 kcal, 1 g F, 2 g E, 22 g KH, 0 mg Chol

Karamellisierte Apfelringe
mit Holundercreme

Für 4 Portionen

Holundercreme
- 200 g Magerquark (Magertopfen)
- 100 g Joghurt (1 % Fett)
- 2 EL Holundersirup

Apfelringe
- 2 saftige, säuerliche Äpfel
- 1 EL Butter
- 1 EL brauner Zucker
- 1/4 TL Zimt
- 200 ml naturtrüber Apfelsaft
- 2 TL Zitronensaft
- 1/2 TL Bio-Zitronenschale, fein gehackt
- 1/4 TL Speisestärke
- 2 EL Holunderkompott

Quark, Joghurt und Holundersirup mit dem Handmixer glatt rühren.

Die Kerngehäuse der Äpfel ausstechen und die Äpfel in dünne Ringe schneiden.

Die Butter in einer großen, beschichteten oder gusseisernen Pfanne schmelzen. Zucker dazugeben und unter Rühren erhitzen, bis der Zucker schmilzt und leicht karamellisiert.

Apfelringe und Zimt dazugeben. Apfelringe auf beiden Seiten braten. Mit dem Apfelsaft aufgießen, mit Zitronensaft und Zitronenschale würzen. Die Äpfel bissfest dünsten. Apfelringe aus der Pfanne nehmen. Apfelsaft etwas einkochen.

Die Speisestärke mit 2 EL kaltem Wasser glatt rühren, mit der Soße vermischen und kurz köcheln, bis die Soße bindet.

Apfelringe mit der Apfelsoße anrichten, obenauf einen Klacks Holundercreme und ein Löffelchen Holunderkompott geben.

Nährwert pro Portion: 151 kcal, 3 g F, 9 g E, 21 g KH, 7 mg Chol

Vanille-Bananen-Soufflé

Für 4 Portionen

- 1 TL Butter
- 1 kleine, reife Banane
- 2 Eier
- 150 g Magerquark (Magertopfen)
- 2 EL Mehl
- 3 Päckchen Naturvanillezucker
- 1/2 TL abgeriebene Schale von einer Bio-Zitrone
- Salz

Den Backofen auf 200 °C vorheizen. Eine kleine Auflaufform mit der Butter ausstreichen.

Die Banane mit der Gabel fein zerdrücken. Die Eier trennen.

Bananen, Eigelb, Quark, Mehl, Vanillezucker und Zitronenschale mit dem Handmixer glatt rühren.

Eiweiß mit einer Prise Salz steif schlagen. Ein Drittel des Eischnees mit der Quarkmasse verrühren. Restlichen Eischnee vorsichtig unterheben. Die Masse in die Form geben und das Soufflé im vorgeheizten Ofen 20 Minuten backen und sofort mit den heißen Himbeeren (siehe unten) servieren.

Nährwert pro Portion: 146 kcal, 4 g F, 10 g E, 17 g KH, 113 mg Chol

Heiße Himbeeren

Für 4 Portionen

- 300 g Himbeeren (auch tiefgekühlte)
- Saft von 1 Orange
- 2 TL brauner Zucker

Mit dem Mixstab 150 g Himbeeren mit Orangensaft und Zucker fein pürieren und durch ein Sieb streichen.

Himbeersoße erhitzen, die ganzen Himbeeren untermischen.

Nährwert pro Portion: 57 kcal, 0 g F, 1 g E, 8 g KH, 0 mg Chol

Aromatischer Reisauflauf mit Kirschen

Zutaten für 4 Portionen

- 200 g Naturreis (Rundkorn)
- 200 ml Wasser
- 1 großes Stück Bio-Zitronenschale
- 2 Päckchen Naturvanillezucker
- 1 EL brauner Zucker
- 1/2 TL Zimt
- zerstoßene Samen aus 4 Kardamomkapseln
- Muskat
- 300 ml Milch (1 % Fett)
- 200 g Joghurt (1 % Fett)
- 1 Ei
- 2 Eiweiß
- 500 g Kirschen (auch abgetropfte aus dem Glas)
- 1 TL Butter

Naturreis mit Wasser, Zitronenschale, Naturvanillezucker, braunem Zucker, Zimt, Kardamomsamen und einer guten Prise Muskat zum Kochen bringen, zugedeckt 20 Minuten köcheln.

Milch untermischen und den Reis ca. 30 Minuten zugedeckt weich köcheln.

Den Backofen auf 180 °C vorheizen. Joghurt und Ei mit dem Handrührgerät vermischen. In einer Schüssel den Milchreis mit der Joghurtsoße verrühren.

Eiweiß mit einer Prise Salz steif schlagen, unter den Reis heben. Kirschen unter die Masse heben.

Eine ofenfeste Form dünn mit Butter ausstreichen. Die Reismasse in die Form geben und den Auflauf im vorgeheizten Ofen 45 Minuten backen. Die Vanillesoße (siehe unten) dazureichen.

Nährwert pro Portion: 383 kcal, 6 g F, 12 g E, 68 g KH, 65 mg Chol

Reisauflauf mit Zwetschkensoße

Rezepte sind dazu da, um variiert zu werden. Also den Reisauflauf ohne Kirschen zubereiten und dazu eine heiße Zwetschkensoße genießen. Dafür 500 g reife, saftige Zwetschken klein schneiden, mit 4 EL Wasser, 1 EL braunem Zucker, 1 Stück Bio-Zitronenschale und 1/2 TL Zimt zum Kochen bringen. 7 Minuten zugedeckt köcheln, mit dem Mixstab fein pürieren. Dieses Rezept in der Zwetschken-Saison auch in größeren Mengen kochen, portionsweise einfrieren und dann z.B. auch mit der Flammerie-Creme (S. 172) servieren.

Vanillesoße

Für 4 Portionen

- Mark von 2 Vanillestangen
- 500 ml fettarme Milch
- 1 Ei
- 1 EL brauner Zucker

Die Vanillestangen mit einem kleinen Messer aufschneiden und das Vanillemark herausschaben.

Milch, Vanillemark, Ei und Zucker mit dem Schneebesen glatt rühren. Die aufgeschnittenen Vanillestangen dazugeben. Alles in einem kleinen Topf unter Rühren bei milder Hitze nur so lange erhitzen, bis die Soße bindet, Vanilleschoten entfernen. Die Soße heiß mit dem Reisauflauf servieren.

Nährwert pro Portion:
87 kcal, 2 g F, 6 g E, 11 g KH, 60 mg Chol

Joghurt-Grießauflauf mit Heidelbeeren

Für 4 Portionen

- 400 ml fettarme Milch
- 120 g Grieß
- 20 g brauner Zucker
- 2 Päckchen Naturvanillezucker
- 1/2 TL Zimt
- 2 Eier
- 200 g Joghurt (1 % Fett)
- 4 EL Zitronensaft
- abgeriebene Schale von 1 Bio-Zitrone
- 2 Eiweiß
- Salz
- 1 TL Butter
- 200 g Heidelbeeren (auch tiefgekühlt)

Die Milch zum Kochen bringen. Grieß, Zucker, Naturvanillezucker und Zimt einrühren. Unter Rühren einen dicken Grießbrei kochen. Brei vom Herd nehmen.

Eier, Joghurt, Zitronensaft und Zitronenschale glatt rühren, unter den Grießbrei mischen. Die Masse abkühlen lassen.

Backofen auf 200 °C vorheizen. Eiweiß mit einer Prise Salz steif schlagen. Eischnee unter die Grießmasse heben.

Eine Auflaufform dünn mit der Butter ausstreichen. Die Hälfte der Grießmasse einfüllen. Mit Heidelbeeren bestreuen. Die restliche Grießmasse darauf verstreichen.

Den Auflauf im vorgeheizten Ofen 30 Minuten backen. Die Erdbeersoße (siehe unten) dazureichen.

Der Auflauf schmeckt warm und kalt, als Hauptgericht, aber auch als Dessert, dann reicht die Menge allerdings für 6–8 Portionen.

Nährwert pro Portion: 305 kcal, 7 g F, 15 g E, 43 g KH, 122 mg Chol

Erdbeersoße

Für 4 Portionen

- 300 g Erdbeeren, kleine Stücke (auch tiefgekühlt)
- 100 ml Orangensaft
- 1 EL brauner Zucker

Mit dem Mixstab Erdbeeren, Orangensaft und Zucker zu einer glatten Soße pürieren. Erdbeersoße unter Rühren erhitzen.

Nährwert pro Portion: 45 kcal, 0 g F, 1 g E, 9 g KH, 0 mg Chol

Knusprige Topfen-Schmankerln

Für 4 Portionen

- 400 g Magerquark (Magertopfen)
- 120 g feines Vollkornmehl
- 4 Eier
- 150 ml fettarme Milch
- 1/2 TL Bio-Zitronenschale, fein gehackt
- Salz
- 1 EL Öl

Quark, Mehl, Eier, Milch, Zitronenschale und 1 Prise Salz mit dem Handmixer zu einem festen, glatten Teig verrühren.

Eine beschichtete oder gusseiserne Pfanne dünn mit Öl ausstreichen. Für jedes Schmankerl einen EL Teig in die Pfanne geben und 1/2 cm dick ausstreichen.

Schmankerln auf beiden Seiten knusprig braten, im Ofen warm halten, bis der gesamte Teig verarbeitet ist. Dazu schmeckt die Zimtcreme und/oder das Zwetschken-Apfelmus (siehe unten).

Nährwert pro Portion: 296 kcal, 9 g F, 25 g E, 28 g KH, 220 mg Chol

Zimtcreme

Für 4 Portionen 100 g saure Sahne (Sauerrahm), 300 g Joghurt (1 % Fett), 2 TL Zitronensaft, 1 Päckchen Naturvanillezucker, 1/4 TL Zimt glatt rühren.

Nährwert pro Portion: 71 kcal, 3 g F, 4 g E, 6 g KH, 11 mg Chol

Zwetschken-Apfelmus

Für 4 Portionen

- 400 g Zwetschken, Schnitze
- 400 g saftige, säuerliche Äpfel, kleine Stücke
- 5 EL Wasser
- 1 EL brauner Zucker
- 1 Stück Bio-Zitronenschale
- 1 Zimtstange
- 1 Nelke

Zwetschken- und Apfelstücke mit Wasser, braunem Zucker, Zitronensaft, Zimt und Nelke in einen kleinen Topf geben und zugedeckt auf kleiner Flamme ca. 8–10 Minuten köcheln, ab und zu umrühren. Die Früchte sollen gerade weich sein, dürfen aber noch nicht zerfallen. Zwetschken-Apfelmus mit dem Mixstab fein pürieren.

Nährwert pro Portion: 109 kcal, 1 g F, 1 g E, 24 g KH, 0 mg Chol

Trauben-Buttermilch-Muffins

Für 12 Stück

Für die Förmchen

- 2 TL flüssige Butter
- 2 EL Semmelbrösel (Paniermehl)

Muffins

- 150 g feines Vollkornmehl
- 1/2 TL Backpulver
- 2 Eier
- 2 TL brauner Zucker
- 2 Päckchen Naturvanillezucker
- 150 ml Buttermilch
- 2 EL geschmolzene Butter
- 1 Eiweiß
- Salz
- 150 g kleine, weiße Trauben

Backofen auf 190 °C vorheizen. Die Muffinförmchen dünn mit Butter ausstreichen und gut mit den Bröseln bestreuen.

Das Mehl und das Backpulver in eine Rührschüssel sieben.

Mit dem Handmixer die Eier leicht verrühren. Zucker und Vanillezucker hinzufügen und alles kurz verrühren. Buttermilch und geschmolzene Butter dazugeben und alles gut verrühren.

Die Eiermischung über das Mehl gießen. Alles rasch verrühren. (Zu langes Rühren macht die Muffins nur zäh.)

Das Eiweiß mit einer Prise Salz zu steifem Schnee schlagen. Den Schnee unter den Teig heben. Die Trauben untermischen.

Den Teig sofort in die Muffinförmchen füllen. Muffins im vorgeheizten Ofen (mittlere Schiene) ca. 25 Minuten backen.

Muffins kurz in den Förmchen abkühlen lassen, aus den Förmchen lösen und auf einem Kuchengitter ganz auskühlen lassen.

Nährwert pro Stück: 93 kcal, 3 g F, 3 g E, 14 g KH, 41 mg Chol

Mehr saftig-fruchtige Muffins

Nach diesem Grundrezept auch leichte Muffins mit Himbeeren, Johannisbeeren oder Kirschen zubereiten.

Apfel-Pie mit Schuss

Für 10 Stück

Teig
- 125 g Mehl
- 30 g kalte Butter
- 1 Ei
- 1 EL brauner Zucker
- 1 Messerspitze Backpulver
- Salz
- 1 Eigelb, verquirlt

Füllung
- 4 EL getrocknete Sauerkirschen (Rosinen oder Cranberries)
- 4 EL Calvados oder Rum
- Saft von 1 Orange
- 1 Päckchen Naturvanillezucker
- 1/2 TL Zimt
- 700 g saftige, säuerliche Äpfel, feine Schnitze
- 1 EL Butter
- 2 EL brauner Zucker
- 1 EL Mandelsplitter
- zerstoßene Samen aus 5 Kardamomkapseln
- 1 TL frischer Ingwer, fein gehackt
- 200 ml naturtrüber Apfelsaft

Den Teig rasch zubereiten. Dafür das Mehl auf ein großes Brett schütten. Butter auf dem Mehl mit einem großen Messer in kleine Stücke hacken und dabei mit dem Mehl vermischen. Ei, Zucker, Backpulver und eine Prise Salz dazugeben. Alles rasch zu einem festen Teig kneten. Teig in einem Plastikbeutel verschließen, 1 Stunde im Kühlschrank ruhen lassen.

Für die Füllung die getrockneten Sauerkirschen mit Calvados vermischen und 1 Stunde marinieren lassen. Orangensaft, Vanillezucker und Zimt verrühren. Äpfel damit vermischen und etwas durchziehen lassen.

Backofen auf 190 °C vorheizen. In einem kleinen, beschichteten Topf die Butter schmelzen. Zucker untermischen und unter Rühren karamellisieren lassen. Mandeln untermischen, kurz unter Rühren anrösten. Kardamom untermischen, kurz anrösten.

Ingwer und Apfelsaft mit dem Schneebesen untermischen. Unter Rühren kochen, bis sich der Karamell aufgelöst hat. Sauerkirschen untermischen. Unter Rühren kochen, bis der Saft zu einer sirupartigen Soße eindickt. Äpfel mit der Soße vermischen.

Äpfel samt Soße in einer Pie-Form oder einer ofenfesten Pfanne verteilen. Den Teig dünn ausrollen. Einen 2 cm breiten Teigstreifen abschneiden.

Den äußeren Rand der Pie-Form mit Wasser befeuchten. Den Teigstreifen darauf festdrücken. Die Teigplatte über die Form legen und an dem Teigstreifen festdrücken. Überlappenden Teig abschneiden. Eigelb mit 1 EL kaltem Wasser verquirlen, Teigdeckel damit einstreichen.

Die Apfel-Pie im vorgeheizten Ofen auf der mittleren Schiene 45–55 Minuten backen und heiß servieren.

Nährwert pro Stück: 169 kcal, 5 g F, 3 g E, 25 g KH, 38 mg Chol

Kuchen verkehrt
Oben der knusprige Teigdeckel, unten die saftige Fruchtfüllung fein gewürzt, ungewohnt, aber überzeugend – überraschen Sie Ihre Gäste damit beim nächsten Kaffeeklatsch.

Heiß trifft eiskalt
Zur ofenfrischen Pie einen Klacks hausgemachtes Limetten-Joghurt-Rahm-Eis (S. 162) reichen und die Gäste glücklich machen.

Kirschenstrudel

Für 8 Stück

- 120 g Löffelbiskuits (Biskotten)
- 2 gestrichene EL Vanillepuddingpulver
- 1 EL brauner Zucker
- 1/2 TL Zimt
- 500 g Kirschen, entsteint
- 2 Blätter Strudelteig à 50 g (tiefgefroren oder vakuumverpackt)
- 3 TL Öl

Den Backofen auf 190 °C vorheizen. Die Löffelbiskuits in einen Gefrierbeutel geben. Den Beutel gut verschließen und die Löffelbiskuits mit dem Teigroller (Nudelholz) sehr fein zerstoßen.

Das Puddingpulver durchsieben, mit den Löffelbiskuitbröseln vermischen. Zucker und Zimt untermischen. Alles unter die Kirschen mischen.

Ein angefeuchtetes und gut ausgedrücktes Küchentuch ausbreiten. Ein Blatt Strudelteig darauflegen und mit 1 TL Öl bestreichen. Das zweite Blatt Strudelteig darauflegen.

Die Kirschenfüllung auf dem unteren Drittel des Strudelteigs verteilen. Dabei rechts und links einen 4 cm breiten Rand frei lassen.

Die Teigränder von rechts und links über die Füllung schlagen. Den Strudel vom unteren Ende her mithilfe des Küchentuchs aufrollen.

Ein Backblech mit Backpapier bedecken. Den Strudel vom Küchentuch daraufgleiten lassen. Die Teignaht soll unten liegen.

Den Strudel mit 2 TL Öl bestreichen und im vorgeheizten Ofen ca. 30 Minuten knusprig backen. Strudel auf dem Blech abkühlen lassen.

Nährwert pro Stück: 124 kcal, 3 g F, 3 g E, 21 g KH, 0 mg Chol

Noch mehr Genuss!

Manchmal braucht man einfach das Tüpfelchen auf dem i – servieren Sie den Kirschenstrudel heiß, sanft begleitet von der hausgemachten Vanillesoße (S. 176).

Flaumiger Aprikosen-Kuchen

Für 16 Stück

- 20 g frische Hefe (Germ)
- 30 g brauner Zucker
- 250 g Mehl
- 125 ml lauwarme Milch
- 3 Päckchen Naturvanillezucker
- 40 g weiche Butter, kleine Stücke
- 1 Ei
- abgeriebene Schale von 1/2 Bio-Zitrone
- Salz
- 750 g Aprikosen (Marillen), entsteint, halbiert
- 2 TL Puderzucker (Staubzucker)
- 1 TL Butter für die Form
- 1 EL Semmelbrösel

Hefe und 1 TL Zucker verrühren und flüssig werden lassen.

Mehl, aufgelöste Hefe, restlichen Zucker, Milch, Naturvanillezucker, Butter, Ei, Zitronenschale und 1 Prise Salz in die Rührschüssel der Teigmaschine geben und daraus einen glatten, weichen Teig kneten lassen (oder alle Zutaten mit dem Rührlöffel schlagen, bis der Teig Blasen wirft).

Eine Springform (30 cm Durchmeser) oder ein kleines, eckiges Backblech mit 1 TL Butter ausstreichen und mit Semmelbröseln bestreuen. Teig darin mit einer Teigspachtel ca. 5 mm dünn ausstreichen.

Backofen auf 190 °C vorheizen. Aprikosen mit der Schnittfläche nach oben in den Teig setzen. Teig zugedeckt 1 Stunde gehen lassen.

Aprikosenkuchen 30–35 Minuten im vorgeheizten Ofen backen. Kuchen aus der Form lösen, auf einem Gitter auskühlen lassen. Den Kuchen kurz vor dem Servieren mit Puderzucker bestreuen. Kuchen mit einem Klacks Joghurt-Sahne servieren.

Pro Stück 124 kcal, 3 g F, 3 g E, 20 g KH, 22 mg Chol

Allround-Rezept

Dieser Kuchen schmeckt auch mit Zwetschken, Pfirsichen, Johannisbeeren, Kirschen und Äpfeln.

Vorsicht, heiße Milch!

Achten Sie darauf, dass die Milch für den Hefeteig wirklich nur lauwarm ist. Zu heiße Milch hemmt das Wachstum der Hefebakterien und damit das luftige Aufgehen des Teigs.

Joghurt-Sahne

Für 6–8 Portionen

- 100 g Sahne (Schlagobers)
- 1 Päckchen Naturvanillezucker
- 200 g Joghurt (1 % Fett)

Sahne und Vanillezucker mit dem Handmixer steif schlagen. Joghurt mit dem Rührlöffel untermischen.

Pro Portion (bei 6 Portionen): 68 kcal, 6 g F, 2 g E, 3 g KH, 17 mg Chol

Leichte Mischung

Zum fruchtigen Kuchen gehört ein Klacks weiße, sahnige Creme. Damit diese den Kuchengenuss nicht unnötig schwer macht, wird einfach die geschlagene Sahne mit Joghurt vermischt.

Zwetschken-Kuchen

Für 12 Stück

Teig für 2 Kuchenböden

- 300 g feines Weizenvollkornmehl
- 100 g weiche Butter, kleine Stücke
- 1/8 l lauwarme Milch
- 1 TL brauner Zucker
- 1/4 TL Salz
- 1 Päckchen Trockenhefe (Trockengerm)
- 1/2 TL Butter für die Form

Belag

- 500 g Zwetschken
- 1 EL Semmelbrösel (Paniermehl)
- 2 EL Mandelsplitter
- 1/2 EL brauner Zucker
- 150 g Joghurt (1 % Fett)
- 2 Eier
- 2 Päckchen Naturvanillezucker
- abgeriebene Schale von 1/2 Bio-Zitrone
- 1/4 TL Zimt

In einer Schüssel Weizenvollkornmehl, Butter, Milch, Zucker, Salz und Trockenhefe vermischen und daraus einen geschmeidigen Teig kneten. Teig zugedeckt 1 Stunde gehen lassen.

Den Backofen auf 180 °C vorheizen. Zwetschken entkernen, halbieren und die Hälften nochmals leicht einschneiden.

Eine Springform (26 cm Durchmesser) mit 1/2 TL Butter ausstreichen. Die halbe Teigmenge dünn ausrollen und die Kuchenform damit auslegen. Dabei einen Teigrand 3 cm hoch stehen lassen.

Den Kuchenboden mit Semmelbröseln bestreuen und eng mit Zwetschkenschnitzen belegen. Mandelsplitter und braunen Zucker darüberstreuen.

Für den Kuchenguss Joghurt mit Eiern, Vanillezucker, Zitronenschale und Zimt glatt rühren, über die Zwetschken gießen. Den Kuchen im vorgeheizten Ofen auf der mittleren Schiene 35–40 Minuten backen und auf einem Kuchengitter abkühlen lassen.

Nährwert pro Stück: 135 kcal, 6 g F, 4 g E, 16 g KH, 48 mg Chol

Robuster als sein Ruf

Einmal zu imposantem Volumen angewachsen, ist Hefeteig überhaupt nicht empfindlich und übersteht, in einem Plastikbeutel gut verschlossen, locker eine Nacht im Kühlschrank und verträgt sogar das Einfrieren. Darum, wie in diesem Rezept angegeben, gleich die doppelte Teigmenge zubereiten und eine Portion einfrieren. Den Hefeteig allerdings nach dem Kühl- oder Gefrierintermezzo nochmals gehen lassen.

Schoko-Kirschen-Torte

Für 1 Torte (26 cm ø), 12 Stück

Tortenboden

- 2 Eier
- 60 g Puderzucker (Staubzucker)
- 2 TL Kakaopulver
- 60 g Mehl
- 1/4 TL Zimt
- 1/2 TL Backpulver
- Backpapier

Füllung

- 1 Glas Sauerkirschen (780 g)
- 4 EL Kirschwasser
- 40 g Speisestärke
- 3 EL brauner Zucker
- 150 g Joghurt (1 % Fett)
- 250 g Magerquark (Magertopfen)
- 2 Päckchen Naturvanillezucker
- 6 Blatt weiße Gelatine
- 100 g Sahne (Schlagobers)

Den Backofen auf 180 °C vorheizen. Für den Tortenboden die Eier schaumig rühren. Zucker dazugeben und alles schaumig rühren. Zimt und Kakaopulver untermischen. Mehl und Backpulver durchsieben und unter den Eischaum heben.

Eine Springform mit Backpapier auslegen. Den Biskuitteig darin verteilen. Tortenboden im vorgeheizten Ofen 25 Minuten backen, auf ein Gitter geben und abkühlen lassen. Kuchen quer halbieren.

Die Kirschen durch ein Sieb abgießen, dabei den Saft auffangen. 1/4 l Kirschsaft mit Kirschwasser, Speisestärke und Zucker glatt rühren und unter Rühren aufkochen. Kurz köcheln, bis der Saft bindet. Die Kirschen untermischen.

Einen Kuchenboden mit der Schnittfläche nach oben zurück in die Springform geben, mit der Kirschenmischung bestreichen, etwas auskühlen lassen, den zweiten Kuchenboden darauflegen.

Mit dem Handrührgerät Joghurt, Quark und Vanillezucker glatt rühren. Gelatine in kaltem Wasser 5 Minuten einweichen, abtropfen lassen. Gelatine in einem kleinen Topf unter Rühren nur so lange erhitzen, bis sie sich aufgelöst hat.

Die aufgelöste Gelatine mit dem Handrührgerät unter die Quarkcreme mischen. Sahne steif schlagen, unter die Creme rühren. Die Quarkcreme auf der Torte verstreichen. Torte zum Festwerden 3 Stunden kalt stellen.

Nährwert pro Stück: 187 kcal, 4 g F, 6 g E, 38 g KH, 45 mg Chol

Mango-Mousse-Torte

Für 1 Torte (26 cm ø), 12 Stück

Biskuit

- 2 Eier
- 60 g Zucker
- 60 g Mehl
- 1/2 TL Backpulver
- Backpapier

Belag

- 2 reife Mangos, kleine Stücke (ca. 450 g)
- 200 ml Orangensaft, frisch gepresst
- 50 g brauner Zucker
- 2 TL Bio-Orangenschale, fein gehackt
- 1 TL Bio-Zitronenschale, fein gehackt
- 100 ml Sojacreme
- 1 Päckchen Naturvanillezucker
- 150 g Sojajoghurt, natur
- 12 Blatt weiße Gelatine

Für den Tortenboden den Backofen auf 180 °C vorheizen. Mit dem Handrührgerät die Eier hellgelb schaumig rühren. Zucker dazugeben und alles zu festem Schaum rühren.

Mehl und Backpulver durchsieben und mit dem Eischaum vermischen. Eine Springform mit Backpapier auslegen. Den Teig einfüllen und glatt streichen.

Den Tortenboden im vorgeheizten Ofen 25 Minuten backen, auf einem Kuchengitter abkühlen lassen. Tortenboden auf eine Kuchenplatte legen und mit einem Tortenring fest umschließen.

Für den Tortenbelag mit dem Mixstab Mangos, Orangensaft und Zucker fein pürieren. Orangen- und Zitronenschale untermischen.

Mit dem Handrührgerät die Sojacreme mit Vanillezucker auf höchster Stufe 5 Minuten schaumig aufschlagen, Sojajoghurt unterrühren. Die Creme mit dem Mangopüree vermischen.

Gelatine in kaltem Wasser einweichen, abgießen und abtropfen lassen. Gelatine in einem kleinen Topf nur so lange unter Rühren erhitzen, bis sie zu schmelzen beginnt. Gelatine mit dem Handrührgerät unter die Mangocreme rühren.

Mangocreme auf dem Kuchenboden verteilen. Die Torte zum Festwerden 3–4 Stunden kalt stellen.

Nährwert pro Stück: 121 kcal, 4 g F, 3 g E, 19 g KH, 40 mg Chol

Sündhaft köstlich und federleicht

Wer diese Torte einmal gekostet hat, will sie immer wieder! Und das ist gut so, denn dieses luftig-leichte Vergnügen ist dank Sojacreme und Sojajoghurt cholesterin- und fettarm!

Mangos rechtzeitig kaufen

Perfekt gelingt die Creme nur mit reifen Mangos. Darum harte Mangos in der Obstschale 2–3 Tage nachreifen lassen.

Praktisches Produkt

Mangopüree aus der Dose für den Tortenbelag verwenden. Dann aber unbedingt den Zucker beim Belag weglassen. Naturreines Mangopüree aus sonnenreifen, aromatischen Früchten gibt es in indischen und asiatischen Lebensmittelgeschäften zu kaufen. Achten Sie darauf, dass das Püree nur Früchte und Zucker enthält.

Birnen-Gewürz-Kuchen

Für 1 Kuchen (26 cm ø), 12 Stück

- 2 Eier
- 50 g Puderzucker (Staubzucker)
- 3 Päckchen Naturvanillezucker
- abgeriebene Schale von 1/2 Bio-Zitrone
- abgeriebene Schale von 1/4 Bio-Orange
- 1 TL frischer Ingwer, fein gehackt
- Samen aus 5 Kardamomkapseln, fein zerstoßen
- 1/2 TL Zimt
- 1/4 TL gemahlener Koriander
- Muskat
- 1/2 TL Backpulver
- 70 g feines Vollkornmehl
- 500 g saftige, säuerliche Birnen, kleine Schnitze

Eine Springform mit Backpapier auslegen. Backofen auf 180 °C vorheizen.

Die Eier mit dem Handmixer schaumig rühren. Puderzucker, Vanillezucker, Zitronen- und Orangenschale, Ingwer, Kardamom, Zimt, Koriander und eine gute Prise Muskat nach und nach unter Rühren dazugeben. Weiterrühren, bis ein fester, hellgelber Schaum entsteht.

Backpulver und Mehl durchsieben, unter die Eischaum-Masse mischen.

Den flüssigen Teig in der Springform verteilen. Die Birnen eng nebeneinander darauflegen.

Kuchen im vorgeheizten Ofen ca. 25 Minuten backen. Den Kuchen aus der Form lösen, kurz auf einem Kuchengitter abkühlen lassen und das Backpapier entfernen. Kuchen ganz auskühlen lassen.

Nährwert pro Stück: 77 kcal, 1 g F, 2 g E, 15 g KH, 37 mg Chol

Winter-Lieblingskuchen

Schmeckt auch im Herbst. Blitzschnell zubereitet, saftig-fruchtig, gemütlich nach Weihnachtsgewürzen duftend, dazu leicht und fettarm! Auf den Kuchen auch einen Klacks Joghurt-Sahne (S. 183) oder Vanille-Sojacreme (S. 170) geben.

Leichter Weihnachtsstollen

Für 30 Stück

Stollen

- 40 g frische Hefe (Germ)
- 70 g Puderzucker (Staubzucker)
- 270 ml lauwarme Milch
- 500 g Mehl
- 100 g weiche Butter
- 2 Päckchen Naturvanillezucker
- 4 EL Rum
- 1 Ei
- abgeriebene Schale von 1 Bio-Zitrone
- 1/2 TL Zimt
- fein zerstoßene Samen aus 5 Kardamomkapseln
- 1/2 TL gemahlener Ingwer
- Muskat
- Salz
- 60 g Rosinen
- 60 g Orangeat (Aranzini), kleine Würfel
- 60 g Zitronat, kleine Würfel
- 30 g Mandeln, Stifte

Glasur

- 1 TL geschmolzene Butter
- 1 EL Puderzucker (Staubzucker)

Für den Vorteig die Hefe zerbröseln, in einer Tasse mit 1 EL Puderzucker vermischen. Sobald die Hefe flüssig geworden ist, 5 EL lauwarme Milch unterrühren.

Mehl in eine große Rührschüssel geben, in die Mitte eine kleine Delle drücken. Hefe-Milch-Mischung in die Delle gießen und ca. 1 EL Mehl mit der Flüssigkeit verrühren. Vorteig 20 Minuten gehen lassen.

Mit dem Rührlöffel Butter, restlichen Puderzucker, restliche Milch, Naturvanillezucker, Rum, Ei, Zitronenschale, Zimt, Kardamom, Ingwer, Muskat und 1 Prise Salz in die Schüssel gaben. Zuerst alles mit dem Rührlöffel so gut wie möglich vermischen. Teig auf ein Brett geben. Ca. 8 Minuten lang einen glatten, seidig glänzenden, weichen Teig kneten (oder alle Zutaten in der Teigknetmaschine zum Teig verarbeiten). Teig zurück in die Schüssel geben. 1 Stunde gehen lassen.

Backofen auf 180 °C vorheizen. Den Teig flach auseinanderdrücken, mit Rosinen, Orangeat, Zitronat und Mandeln bestreuen. Teig nochmals kräftig durchkneten und daraus eine ca. 28 cm lange Rolle formen. Für die typische Stollenform eine Längshälfte der Teigrolle etwas flachdrücken. Dieses Teigstück nach oben schlagen und etwas andrücken.

Backblech mit Backpapier belegen. Stollen darauflegen, 15 Minuten gehen lassen und im vorgeheizten Ofen 45–50 Minuten backen.

Stollen auf ein Kuchengitter geben. Butter schmelzen, den noch heißen Stollen damit bestreichen, Puderzucker daraufsieben.

Nährwert pro Stück: 130 kcal, 4 g F, 20 g KH, 3 g E, 17 mg Chol

Weihnachten leicht gemacht

Flaumig locker ist diese abgespeckte Version des klassischen Christstollens. Zimt, Kardamom, Ingwer und Zitronenschale bringen viel Aroma in das beliebte Weihnachtsgebäck und sorgen dafür, dass der Stollen auch mit weniger Butter und Zucker zubereitet köstlich schmeckt. Die Ersparnis ist beachtlich: 1 Stück klassischer Stollen enthält 13 g Fett und 260 kcal, dieser nur 4 g und 130 kcal. Aufgrund des geringeren Fettgehalts wird der leichte Stollen jedoch rascher trocken. Das ist jedoch kein Problem, denn der Stollen eignet sich hervorragend zum Einfrieren. Besonders praktisch ist es, wenn Sie ihn dafür in große Stücke geschnitten in Plastikbeutel packen.

Ingrid Kiefer, Michael Kunze
Die Kalorienfibel 1
5.000 Nahrungsmittel
300 Seiten, farbig
ISBN 978-3-7088-0382-1
€ 12,90

Ingrid Kiefer, Michael Kunze
Die Kalorienfibel 2
5.000 Speisen
300 Seiten, farbig
ISBN 978-3-7088-0391-3
€ 12,90

Ingrid Kiefer, Michael Kunze, Rudolf Schoberberger

Schlank ohne Diät

Programmbuch inkl. Praxisbuch

216 Seiten
ISBN 978-3-7088-0389-0
EUR 24,90

„Schlank ohne Diät“ ist ein modernes, wissenschaftlich begleitetes Lifestyle-Programm, das hervorragend geeignet ist, langfristig die Figur in Form zu bringen und die Fitness und das Wohlbefinden zu fördern. Grundsätzlich gibt es keine Verbote von Speisen, z. B. Süßigkeiten und Getränken, im Prinzip ist alles erlaubt, nach dem Motto „Genießen, ohne zu büßen“. Jeder is(s)t anders: Verschiedene Esstypen und persönliche Vorlieben werden berücksichtigt. Bewegung, individuell nach Alter, Fitnesszustand und Neigungen ausgerichtet, ist ein wesentlicher Bestandteil von „Schlank ohne Diät“ und soll vor allem auch Freude machen.

Die bewährte Abnehm-Methode „Schlank ohne Diät“ wird vom Verein für Konsumenteninformation als empfehlenswert bewertet.

www.kneippverlag.com